总想把世界上最好的都给你

却发现世界上最好的就是你

入口的东西和爱的人，要心花怒放才行

柒先生——著

新世界出版社
NEW WORLD PRESS

童话小剧场

——

因为喜欢，可迎万难

① 一只大灰狼在奋力追一只小绵羊，眼看着小绵羊已经没有路可以跑了，小绵羊绝望了，突然停下来，回过头，看着大灰狼。

②大灰狼嘿嘿地笑着，慢慢地走到小绵羊面前。

③ 大灰狼突然扑上前，亲了小绵羊一口。

④ 爱是一种折磨，你要学会自得其乐。

① 窗台上有一只蝉，在当当当地敲着窗户。

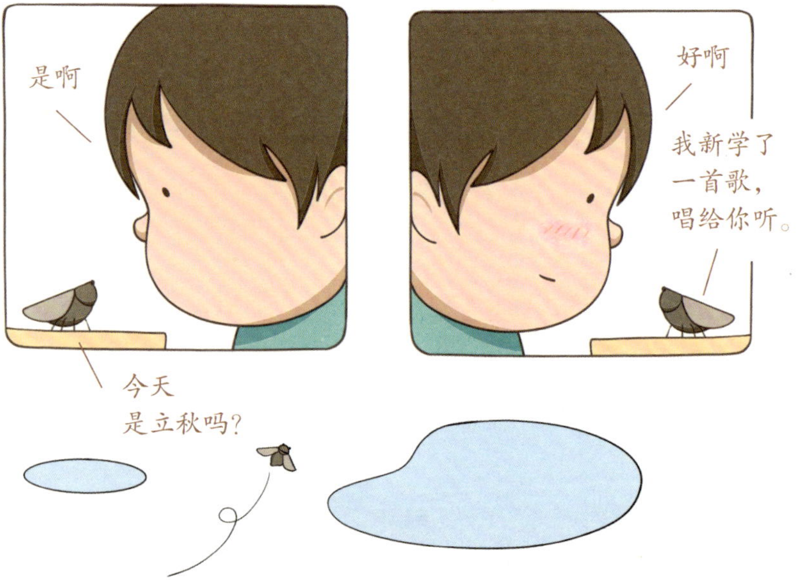

② 唱完歌，他就飞走了。

我以为那不过是夏天中最平常的一天，对于他来说，那却是一生一次的告别，

他自己准备了仪式，我却忘记问他，明天，你还来吗?

有些人早已准备好了告别，只是我们不知道而已。

你仍在开心地计划要去哪里旅行，可是，他在计划怎么分手却还没有找到理由。

告别是一个人的事儿，另一个人只能被动接受。

① 小兔子生日的时候，
小刺猬给他准备了胡萝卜蛋糕。

② 长颈鹿生日的时候，小刺猬给他准备了合欢树叶蛋糕。

③ 大金毛生日的时候，小刺猬给他准备了咬咬球套装。

④ 小刺猬生日的时候，没有小伙伴记得。
他蹲在地上难过地哭，旁边的仙人球说，走，带你去个地方。

⑥ 小刺猬团起球，滚了下去，滚啊滚，滚啊滚，滚到小山坡底下，
浑身扎满了各种好吃的水果，仙人球笑着说，生日快乐！

⑦ 你努力讨好别人，别人还害怕你扎到他呢，
挤不进去的世界，不必强求，这世上仍有一个人，懂你。

① 冰箱里，新来了一袋面条。

② 面条看了看西兰花，
那可是常常跟牛排搭配的西兰花啊！
他不甘示弱地说，我来自意大利。

③ 然后他滔滔不绝地讲意大利的趣事，讲完以后，偷偷地嘘了一口气，幸亏当时在集装箱车上跟意大利面酱一起，偷听了他们的聊天。
冰箱里的其他蔬菜，都纷纷投来了羡慕的目光。

④ 冰箱的角落里有一个鸡蛋。
面条慢慢凑过去问，我们好像在哪里见过？
鸡蛋愣了愣。

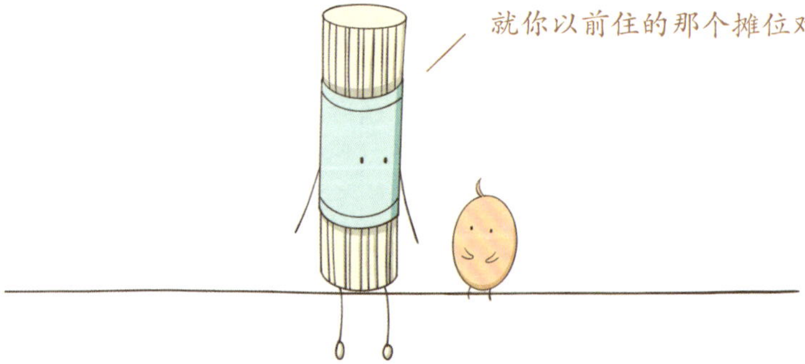

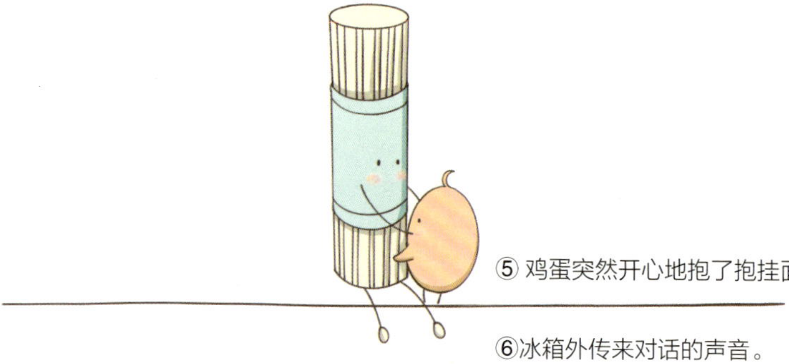

⑤ 鸡蛋突然开心地抱了抱挂面。

⑥冰箱外传来对话的声音。

⑦ 所有的伪装来源于对这个世界的防备，
因为面前是你，怕什么与世界为敌。

① 冰箱里一块生姜已经奄奄一息了，
他已经好久没参与任何菜的烹调了，越来越干瘪了。

② 他说，可是我害怕。

③ 冰箱的门被打开了，
生姜被拿出了冰箱，
切成了丝，
然后被做成了一大杯姜丝可乐。

④ 男孩捧着杯子，递给了女孩。
女孩又打了一个喷嚏。

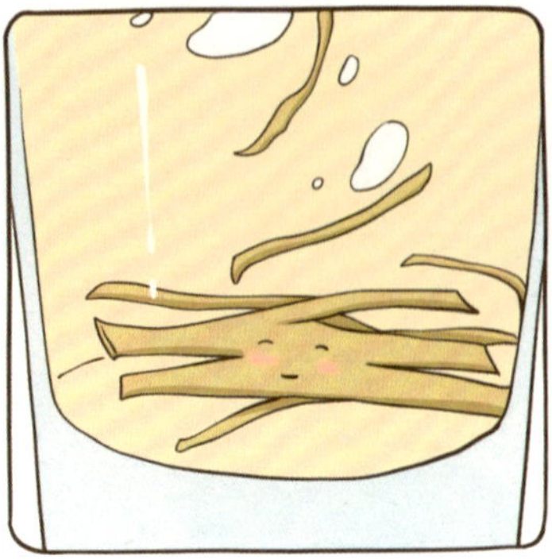

⑤ 那一刻，生姜特别开心，因为，他有了新任务，要保护好女主人。
永远不要放弃自己，因为，你不知道，下一秒谁会给你春暖花开。

① 小白兔先生要跟小白兔小姐求婚，
他准备了好多的礼物。
可是路上，他碰到哭泣的小孩，
于是把气球给了小孩，小孩笑了。

② 他碰到饿坏了的小猫，于是把鲜肉小饼给了小猫，小猫吃饱，笑了。

③ 他碰到了吵架的小狐狸夫妇，于是把鲜花给了他们，他们笑了。

④ 他碰到了小白兔小姐，
可是两手空空了。

⑤ 小白兔先生看着小白兔小姐，说不出来话，不知道该怎么办?
他看到小白兔小姐正在啃一根胡萝卜，
于是，他拿过胡萝卜，啃成一只戒指。

⑥ 身后突然响起了叫喊声。小白兔先生吓了一大跳。
小孩手里牵着一只气球，气球上写着：我爱你。
小猫拎着一大盒鱼干，盒子上写着：我爱你。
狐狸夫妇拎着一篮子坚果，篮子上写着：我爱你。

你的善良，自带光芒。

柒先生——著

入口的东西和爱的人，要心花怒放才行

新世界出版社
NEW WORLD PRESS

① 我一直觉得，对一个人好，是来自天性，不是后来我们长大过程中学会的礼仪。
比如说话温柔、记住每个节日给她买礼物、生病的时候说注意身体、
难过的时候陪她说话，懂得什么时候制造浪漫，
知道怎么打开一瓶红酒、点燃一根蜡烛。
相爱，该是让那个爱的人见过你所有的样子。

② 见过那个约会的时候
漂亮得无懈可击的你。

③ 也见过颓废难过不堪一击的你。

④ 见过睿智聪明的你。

⑤ 也见过傻起来一本正经可爱的你。

⑥ 见过安静如一朵花开的你。

⑦ 见过在工作面前干净利落、
处事果断的你。

⑧ 也见过生气如浪潮汹涌的你。

⑨ 也见过在生活面前委屈犹豫、
拖泥带水的你。

⑩ 我深爱的那个人，不是男神或者女神，
原来，他或她跟我一样，是普通人，会疲惫、会难过、会需要人陪伴；
他或她，也有情绪、也有脾气、也有天真。所以，我们相爱吧。

1

有一天，我跟媳妇说，我要出版一本书，你帮我写一篇序吧。

然后，媳妇安静地坐在我电脑前，冥思苦想，最后眉眼一笑。我满怀期待的结果就是电脑里的 Word 文档中的四个字：未完待续。

我说，你好歹夸我两句也行，就这四个字，放我新书第一页，吓不吓人？

媳妇说，未完待续，你不觉得这是世界上最美的词语吗？所有的故事，你抱憾结束、你皆大欢喜，都不重要，而未完待续四个字，你看，还有期待。所以，我们会原谅不辞而别；我们会理解不欢而散；我们会释怀分道扬镳，它总是带着意犹未尽的感觉，让我对明天充满期待，多美啊。当下的什么都不重要，你吃苦、你舔糖，不是还有明天吗？未完待续。

我说，你扯的好像还挺美妙，让我想起以前看过的一部小说《挪威的森林》里的一个片段，渡边说很喜欢绿子，像喜欢春天的熊。

春天的原野里，一只可爱的小熊走过来跟你说，你好，小姐，和我一块打滚玩好吗？接着，你和小熊抱在一起，顺着长满三叶草的山坡咕噜咕噜滚下去，玩了一整天，你说棒不棒？

媳妇笑着说，你是想说喜欢我，也像喜欢春天的小熊一样吗？

我说，不，我的意思是，你给我滚犊子。

你不觉得滚犊子，是这世上最美的词吗？一个天真可爱的熊犊子，它无忧无虑地滚了一天，玩得多开心呀。

媳妇说，你刚才说什么，我没听清楚。

我说，我喜欢你，像喜欢春天的熊。

媳妇很开心地松开了拧我耳朵的右手，又松开了锁喉的左胳膊肘，像一个婉约娇羞的女子。老舍说过，一个女子的脸红胜过一大片话。

媳妇问，什么是春天的熊？

我说，冬眠刚醒来，很饿吧，逮谁咬谁。

那天的画面真美好，让我想起一首儿歌：两只小熊，跑得快，跑得快，一只没有耳朵，一只没有拖鞋，真奇怪，真奇怪。

这些年我一直遵循的婚姻之道就是只要我跑得足够快，媳妇的拖鞋就追不上我。

2

有一天，我领儿子去超市买东西，一进超市门口，就闻到喷香的烤面包味道，儿子看看橱窗里漂亮的蛋糕，又看看我问，爸爸，今天给妈妈过个生日，不过分吧。

我咽了下口水说，不过分。

然后，儿子看见了花，就问售货员，哪一种花是买给妈妈的？

售货员给他拿了一小束康乃馨。

那一瞬间，我隐约觉得不对，又不知道哪里不对，我赶紧拿了一小束玫瑰，直到回到家，儿子拿着花唱生日歌，我才突然意识到，父子之间现在也内卷了吗？哎，卷就卷吧，再卷能有草莓蛋糕卷吗？

媳妇一脸开心，人在家中坐，生日从天上来。

原来人那么容易开心，只是有一瞬间被想到，就觉得自己超有存在感。一个人的世界其实不大的，但如果想要把它填满，只用一个蛋糕怎么可能填满呢，那么很容易忽略，可生日蜡烛点燃的那一刻，光照满了整个世界，歌声充满了整个世界。

当你知道，被爱着，那感觉就像春天里的熊。

熬过一整个冬天，饿了，熊爸爸带着熊妈妈和熊宝宝，准备出去搞点蜂蜜吃，然后，它们捅了马蜂窝，马蜂追着它们跑，跑啊跑，咕噜，咕噜，咕噜，小熊一家滚下了山坡。

尽管它们没有吃到蜂蜜，但是，牵着手滚下山坡，躲过一劫，真的超级开心，开心到吃着路边嫩嫩的青草，也比蜂蜜甜。

熊爸爸问，要不要再滚一次？

熊宝宝和熊妈妈点点头，然后，它们玩了一整天。

哦，原来这就是爱啊，它让你原谅了一些苦难吗？不是，是生活给予你的暴击一拳打在了你的棉花糖上，你可以开心躲过了鼻青脸肿，你也可以盯着棉花糖上的那个洞，以为自己失去了很多，闷闷不乐，等着被哄。

爱最大的可爱之处，是给了你选择的权利。

因为被爱着，所以有优先选择的权利，所以有贪心的权利，所以有胡闹的资格。

那天，蛋糕被切成三份，按理说，媳妇应该有优先选择的权利，可是，亲情爱情在那么漂亮那么好吃的蛋糕面前，没有什么道理可言，必须石头剪刀布，赢的先挑，被爱着的那个，总有点特权吧，所以，媳妇可以比我跟儿子晚两秒钟出手。

她一下赢得了两个男人的爱，应该会开心很久很久吧。

不过我也没有输，至少那一天，我知道了一个冷知识，吻是草莓蛋糕卷味道的。

我知道还有下一个吻，不知道在哪一天，是什么味道。

这种未完待续，真的很美妙。

目录

Contents

01

有的人说不清哪里好，但就是谁都替代不了

爱，一定要用爱去回报，

别用“抱歉、对不起、原谅”这种看上去就很伤心的词。

1

认识一对特别好玩的夫妻，男的叫大军，女的叫蓓蓓，他们家有五条硬性规定：

第一条，早晨上班，晚出门的那个要给先出门的一个吻；晚上下班，先回家的那个要给晚回家的那个一个抱抱。

第二条，如果吵架了，当晚必须抱着睡，错的那个第二天做早餐，给另一个挤牙膏。

第三条，不准把工作的坏情绪带回家，不准在家里谈工作，如果非要谈，出去找一个咖啡馆谈。

第四条，下班后早点回家吃饭。

第五条，觉得很重要的情话，要写下来，送给对方。

下班后的两小时，真的对恋爱、对婚姻有很大的影响吗？我想，是的。

4年前，他们遭遇过婚姻危机，谁劝都不好使，铁了心，必须离婚。

当时他们经济压力很大，每天忙着加班，一对新婚夫妇，忙到把家当旅馆，甚至好几天都不碰面，一个早上出门了，另一个可能才加班刚回来；一个早睡觉了，另一个可能才加班刚到家，明明住在同一个家里，生生谈成了异地恋。

有一天，下班回家，蓓蓓看到家里一团糟，垃圾都在门口堆成山了，水池里的锅和碗也没刷，沙发上脏衣服扔得乱七八糟，她瞬间心就凉了，这就是他们没日没夜奋斗想要的家吗？

如果结婚只是背负房贷压力的话，这种家要它干吗，给自己添堵吗？这世上遮风避雨的地方太多了。蓓蓓真是越想越委屈，而大军正躺在沙发上呼呼睡大觉。她问大军，晚上吃什么？

大军揉着眼睛，笑着说，等你回来做呢。

蓓蓓没憋住，终于发火了，她吵着说，你为什么什么事儿都要等着我去做？你下楼扔个垃圾，不行吗？你刷个碗，不行吗？咱家马桶堵了，都是我通的。你结婚了，能不能长大点，像个男人，有点责任。我跟你谈了这么多年恋爱，不是为了给你当老妈子的。

大军说，不做就不做呗，你发这么大的火干吗，咱们还是点个外卖吧。

那天吵架升级，谁都没有吃饭，各自生闷气，锅碗瓢盆摔了一地。他不知道她在工作上受了一肚子的委屈，她也不知道他连续一周加班，只是在沙发上打个盹。

后来，蓓蓓蹲下来一边哭着一边收拾，手被锋利的碎玻璃划破了；再后来，大军在楼下抽闷烟，被呛得咳嗽流泪。

2

他们约好，离婚前一起吃个晚饭。

那天，大军下班早早回家，在楼下看到新开了一家花店，他走进去问，有百合花吗？

小姑娘很用心地给他推荐几款花束，他挑选了一款，小姑娘一边包装一边笑着说，送给老婆的吧？你老婆一定很幸福。

大军尴尬地笑了笑。

花束包好，小姑娘特意问，你要写一张卡片吗？

大军说，算了。

小姑娘说，还是写一张吧，比起那些嘴上说完就忘的话，写下来的更深刻动人。

大军想了想，要了一张卡片，写了几句歌词：你可知道我，爱你想你怨你念你，深情永不变，……卡片上那句话，就停在了逗号上。大军没有继续写下去，因为他仍想生活继续，也因为这首歌，蓓蓓最喜欢，她知道后面的歌词。

回到家，大军敲门，蓓蓓手里拿着锅铲子给他开门，看到一大束百合花，笑着问他，干吗买这个？

大军也笑着说，楼下新开的花店促销。

蓓蓓笑着说，今晚咱们吃酸菜鱼。

那一大碗酸菜鱼端上桌，蓓蓓细心地挑了鱼片，盛在小碗里递给大军，大军知道蓓蓓做这一碗酸菜鱼有多费劲，因为有次他吃鱼被鱼刺卡住，后来蓓蓓做的鱼里就没有刺了。

但是，大军有次亲眼看见蓓蓓处理鱼的时候，手指被鱼刺扎出了血。

哪有什么岁月静好的婚姻啊，不过是有人提前遭了罪。可惜神农尝百草，总有人问他饱不饱。你爱这鱼肉鲜香，也该爱这鱼骨穿喉。大雨倾盆，你可以疾驰雨中，也可以举伞挥手，倘若地上成河，你要是喜欢在水里扑腾，也要记住，天黑上岸回家。

3

吃了几口鱼，大军去卧室里的一个柜子里拿出来一个盒子，打开盒子，里面有一叠各式各样的小纸条，每个纸条上都写着“欠条”两个字。

有张纸条上写着：今天，欠蓓蓓一份多加肉的麻辣烫。落款的名字是大军。

那年，他们交完房租，两个人浑身上下凑不够 10 块钱，只好在一家超市里买了那种 5 毛钱一个的饼坐在路边啃，大军问蓓蓓，你想吃什么？

蓓蓓说，麻辣烫。

大军问，你要放什么？

蓓蓓说，要放鱼豆腐、牛肉丸、亲亲肠，我喜欢吃茼蒿，要多放，还有培根肉。

大军说，你要不要加宽粉？

蓓蓓说，要。

大军说，腐竹、魔芋、油面筋，要不要？

蓓蓓说，要，要，要。

说完，蓓蓓大口大口地咬着手里的饼。大军也啃着手里的饼，然后，他从背包里的笔记本上撕下一张纸说，等我有钱了，一定请你吃大份的麻辣烫，肉随便放。然后，他写了这张欠条。

那天，蓓蓓开心地说，我有全世界最豪华的麻辣烫，真酷！

有些纸条上写着：

今天，欠蓓蓓一个好看的头花。

今天，欠蓓蓓一条围巾。

今天，欠蓓蓓一支口红。

今天，欠蓓蓓一件碎花连衣裙。

今天，欠蓓蓓一场去成都的旅行，周末以一顿火锅兑现。

今天，欠蓓蓓一辆雪佛兰。

今天，欠蓓蓓一次去游乐园玩。

今天，欠蓓蓓一次一起回趟老家。

结婚4年，因为所谓忙，生孩子的计划被一推再推；因为所谓忙，大军签了无数的空头支票，她没要求他去兑现，他却总以为还有时间，可是工作哪有个头。

大军读着一张一张的欠条，读到其中一张的时候，眼泪哗的一下就流下来了。纸条上写着：今天，欠蓓蓓一个婚礼。

蓓蓓转过头，抹了抹眼泪，又转过头来说，你快吃鱼吧，一会儿凉了，就不好吃了。

那年，大军和蓓蓓走出民政局，蓓蓓挽着大军的胳膊，特别开心，一直笑。大军不解地问，你傻笑什么？

蓓蓓笑着说，不知道，就是开心。

大军说，对不起，现在竞争岗位，这个职位对我很重要，婚礼咱们推后再弄，让你受委屈了。

蓓蓓笑着说，嗯，我等你。

大军在一张纸条上，写了：今天，欠蓓蓓一个婚礼。落款名字是大军。

蓓蓓问，你说我穿红色的旗袍好看，还是白色的婚纱好看？

大军笑着说，都好看。

蓓蓓说，你说以后等咱们有钱了，办草坪婚礼怎么样，一大堆气球，还有白鸽，在《婚礼进行曲》中起飞。或者旅行结婚怎么样，我想去西雅图。

大军说，都行，你说了算。

蓓蓓说，那你也要发表一下意见啊。

时间一晃，所有欠的账早已混乱，微笑欠的债眼泪来偿还，一个日渐失望，一个日渐遗忘，自转往复昼夜，公转轮回四季，哪来的什么原地等你。河流夏天充盈，秋天干涸，你年少时说的我爱你，哪管得了一辈子，能陪你走到最后的才是最好的。

大军说，不如我们休个长长的婚假，把婚礼办了？你喜欢什么类型的？你别哭啊！你别哭！

蓓蓓一边哭一边说，你这人怎么这样啊！我都想跟你离婚了，你还拿这个撩我！

大军说，娶进门了的老婆，再弄丢了，多浑蛋啊！

4

你觉得，究竟是什么正影响着我们的婚姻质量？

精神同步，在婚姻中彼此欣赏和成长。

在婚姻中保持忠贞。

三观一致，拥有共同目标并愿意一起努力。

包容体贴，经济稳定，有责任感和承诺，并履行。

其实，这些是基础，就像你涮火锅，底汤的质量很重要，蘸酱是配合，涮什么看心情。进入一场婚姻，选对锅底很重要，这是你的品味，你是什么样的人，吸引的就是什么人，聊得来，聊很久，你愿意听一个人叨叨，而忘记了夹锅里你最爱的鱼丸。

这是一个很奇怪的时代，因为年龄、因为逼婚、因为身边的人都结婚了，催生了很多低质量的婚姻，就是我们通常意义上说的：搭伙过日子。

他们看见一口热气腾腾的锅，就围上去了，他们不知道为什么围上去，因为很多人围着，他们也就跟着围上去了，只有少数人知道，我要吃火锅。

真的有那么多的人迫切地需要一场婚姻来掩饰自己生活里的尴尬吗？

因为凑合，多少人放弃了继续追逐爱情，说好做彼此的天使呢，怎么一转身你入了厨房，系上了围裙，饱含热泪就把自己的翅膀红烧了；红烧就红烧，为什么不放点糖，最后苦了自己。

怕孤独终老吗？

难道跟一个不爱的人一起老，不是更可怕吗？

30 岁以上的姑娘，如果婚姻质量低，一定会在午夜梦回的时候，后悔错过那个彻夜交心的异性好友。

永远不要为了婚姻而婚姻，而忽视了自己的感觉。

只有结婚后才会懂，真正影响婚姻质量的是生活，琐碎的生活，比如，下班后的两小时，你跟爱人说过多少句温柔的话、做过多少温柔的事儿。你疲惫不堪的时候，仍想对一个人笑，那才叫婚姻。

我猜，你不怕与这世界万兽为敌，怕的是，推开门，碰到一张冷冰冰的脸。

多少婚姻扛得过大风大浪，却扛不过下班后的两小时的折磨，推开家门，一大堆糟心的事儿接踵而至，你能招架得过来吗？

很长一段时间之后，我才深刻理解，后来的大军跟蓓蓓为什么那么幸福。

那个出门前的吻，是给那个即将奔赴战场的人一身铠甲；那个回家后的抱抱，是给那个凯旋而归的人满身温柔。

一段感情，哪怕吵架，它会有它自愈的方式，一定是两个人在漫长的生活里达成了一种默契：不必道歉，不必原谅，而用爱去回报。

我们也一定会在漫长的生活里，忘记我们说过的很多话，但是，那些留在纸条上的情话，永远都在提醒我们，我们当初爱得那么浓烈，像是一锅沸腾的汤，因为爱，所以这汤里涮什么都好吃。

爱，一定要用爱去回报，别用“抱歉、对不起、原谅”这种看上去就很伤心的词。

02

你有多可爱，
婚姻就有多可爱

这个世界不是非黑即白，婚姻也不总是一地鸡毛，

你先可爱了，生活就不忍向你下狠手，只好陪你一起可爱。

1

儿子每次出门，手里一定要拿点东西，比如小汽车、酸奶、橡皮泥等。总之，一定要拿点东西。

每一次我都站在门口苦口婆心地劝他："大男儿当志在四方，岂能被这些酸奶、小汽车所牵绊呢，你要不要跟爸爸一起去拯救地球？"

他一听很开心，连说："好啊好啊！"

然后我把门口的垃圾袋递给他，他有点莫名其妙，我说你把垃圾带到楼下，不仅保护了地球，还可以在积分榜上获得 10 个积分，攒够 100 个积分，你就可以兑换一辆小汽车，攒够 200 个积分，你就可以去一趟游乐场，攒够……

儿子问，还有垃圾吗？

在我家墙上，媳妇做了一个积分表，只要儿子表现好，就可以加分。比如，自己吃饭可以加5分，自己穿鞋可以加5分，睡前听一个故事加5分，听一个英文故事加10分，妈妈不开心时哄妈妈开心可以加20分。

积分用来干什么？比如儿子去商场碰到自己喜欢的玩具，可以拿自己的积分抵扣，然后我就给他买。

有一次我心血来潮想唱歌，我说，听爸爸唱一首歌，可以加5分，要不要？

儿子摇摇头。

我说，10分。

儿子又摇摇头。

我问，爸爸唱歌就那么难听吗？

儿子笑着说，妈妈唱首歌吧，我给20个积分。

果然，儿子是妈妈的小火锅，又麻又辣又暖心，蘸料十足，涮得尽兴；儿子是爸爸的皮皮虾，皮厚肉少，剥起来还扎手，价格死贵，扔了可惜，咂摸起来没味，只能逢人吹吹我有大海鲜。

那一瞬间，我有一种失恋的感觉，自己最喜欢的女人，被儿子撩走了。怎么形容呢，你夹了一块脆皮烤鸭蘸了酱，放在小薄饼上，又加了黄瓜条和葱花段，卷成卷，满怀期待，然后烤鸭卷饼飞了，气人不？

我问儿子，你不爱爸爸了吗？

媳妇补了一刀，哎，父子一场，不要问这么伤感情的话。

我想离家出走，我想二胎生个女儿，我想去深山老林里静一静，感觉真是爱不动这个世界了，中年男人的世界很脆弱的，玻璃心一碰就碎。

儿子突然跑过来，抱了抱我。简直暖心炸了，接下来我想唱一首《小星星》送给儿子，以此纪念我们父子和解这一伟大时刻。我刚唱了一句“一闪一闪亮晶晶”，然后儿子就捂着耳朵跑了。跑了，回来啊，马上要到唱副歌的高潮了！

我现在就想问一下，现在学什么歌还来得及挽回这段父子感情。

2

都说“一孕傻三年”，我媳妇傻起来比较可爱。

有一天早上，我问我媳妇为什么起得那么晚。她说做了一个很难过的梦，梦到领儿子出去玩，他在一个很大的游乐场一眨眼的工夫就不见了，自己都快急哭了，找啊找，找啊找，怎么也找不到。我心里知道这是做梦，只要强迫自己醒过来就好了，我就醒了，看着儿子睡得正香。我想，儿子不可能平白无故的就丢了，我一定要找到他，然后我就又睡着了，把梦续上，继续找，你知道的，儿子如果找不到妈妈会很难过的。

我问，最后找到了吗？

她笑着说，找到了。

我是头一回见有人把睡懒觉说得这么清新脱俗又感人。

我笑着跟儿子说，下次不要乱跑了，在妈妈的梦里也不行，妈妈找不到你会很着急的，下次如果让我的女人着急，我会打你屁股的，快去亲亲妈妈，妈妈就原谅你了。

儿子一头雾水。

哼！撩我老婆这件事上，我明显略胜儿子一筹，毕竟我有快10年的功底了。有了孩子以后的婚姻无比的奇妙，你会看到一个神奇的世界。

比如撩，我喜欢“一箭双撩”，有时候，我会亲儿子一下，笑着说，麻烦你把这个亲亲送给妈妈，好吗？我儿子就屁颠屁颠地去亲妈妈。

儿子没出生时，我是有机会才撩老婆，现在有了儿子，没机会也要硬撩，不撩的话，老婆很容易被儿子抢走。

哎，没办法，比你优秀的人还比你努力。

3

儿子把家里的玩具扔了一地，弄得一团糟，媳妇一生气，训了他一顿，然后儿子委屈得眼泪汪汪地来找我求助。

我问他，是不是惹妈妈生气了？

他点点头。

我说，男生怎么能让女生生气呢，那你去哄哄妈妈，妈妈就原谅你了。

然后，儿子拉着我去楼下的超市，我问他，你要买什么？

然后他拿了一大堆零食。

我说，你心这么大呢，妈妈还在家里生气呢，你出来嗨，合适吗？别拿了，你的积分不够了，你还要不要攒积分买你的小汽车了？

他摇摇头。

买了一大堆零食回家，儿子拎着一大包零食走到我媳妇面前，委屈地说，妈妈，对不起。

然后媳妇扑哧一下就笑了。

我笑得不行，都笑出了眼泪，跟我哄我媳妇的样子一模一样。我跟媳妇说："你看，你是他要花掉所有积分也要讨好的女人。攒积分你知道多不容易吗？在他朝思暮想的小汽车和让你开心面前，他选择了后者。你看，他有多爱你。"

孩子真是一个好玩的世界，你会在这个世界里看到自己的样子，也会学到他教给你跟这个世界相处的方式。

儿子说云彩是酸奶味道的，儿子说坏掉的灯泡是它睡着了，儿子说生活很苦，但楼下的超市里有棒棒糖。

这个世界不是非黑即白，婚姻也不总是一地鸡毛，你先可爱了，生活就不忍向你下狠手，只好陪你一起可爱。

3

喜欢就去追，不行就再想想办法

所爱隔山海，山海皆可平，

海有舟可渡，山有路可行。

1

你之所以没有遇到喜欢的人一点都不奇怪，中午吃什么有时候你也不知道。

我们不能走进拉面馆了才想起要吃脆皮炸鸡，不能小可颂吃半饱了才想起要吃脏脏包，不能被小火锅辣得满头大汗了才想起要吃一碗豚骨乌冬面。恋爱有时候就像自助餐，你明知道吃不回本，那就一开始挑最喜欢的吃，甜也好，辣也好，最重要的是开心就好。

所以，你得知道你喜欢哪一类人，你才知道你在哪里能碰到他们，别总是嘴上说碰不到喜欢的人，你最爱吃的炸串，那也是你徒步走了两条街才换来的。

没有那么多一见钟情，大家多数是日久生情，越处越觉得这个人跟你的一生好般配，你一犹豫，人家就有女朋友了。谈恋爱不能谦让的，喜欢就要表白，搞不好等你攒足勇气，人家都有二胎了。

一辈子你走的路不会特别远，能死心塌地去喜欢的人也不多，错过一个少一个，你说等你恰好成熟、恰好优秀，黄花菜早凉了，你不觉得恋爱之所以可爱，就是因为两个人幼稚单纯嘛，小孩子谈恋爱才能脸红害羞，大人谈恋爱都是要结婚的。

你说恋爱得长大、独立、自强，可是拼命努力变得优秀，就是想找一个把你宠成孩子的人，这个世界早就见过了你要强的一面，你要恋爱，就是因为你可以在一个人面前无限的柔软啊！

早点遇见你，那该多好啊！

可以多谈几年恋爱，一路傻傻的，没有那么多的烦恼，想吃就沿着小吃街吃下去，工作不爽了就辞职。可是一旦结了婚，大家都是要努力工作的，花钱的地方太多了，那时候，你我都不能任性了，不是说不能谈恋爱了，而是如果晚点遇见你，我就没那么多时间跟你谈恋爱了，因为生活太苦了，我就缺你这一点点甜。

喜欢是多么罕见的事情，你生活的圈子就那么大，好不容易碰到一个有好感的人，把你折磨得彻夜难眠，向他表白又怎么了，矜持要是有用的话，哪来的那么多单身的人？你说你没那么优秀，怕不能拥有他，其实你告诉他的那一刻，你就拥有了爱啊，你变成了一个勇敢去爱的人，难道迈出的这一步你还不够开心吗？努力过，争取过，你才问心无愧。

暗恋得再精彩，它也不会开花结果啊！

感情有时候就像放风筝，你欣喜它飞得越来越高，可是，你也是在苦苦拽着线，要是你一放手，它就飞得没影了。

有时候你问自己，怎么我还没有遇见那个喜欢的人？

仔细想想，你是不是站错了地方，拉面馆里没有炸鸡和薯条，面包房里没有肉夹馍和凉皮，你也很难在一碗过桥米线里找到黄焖鸡和米饭。圈子不对，那就跳出去，没有越过龙门的小鲤鱼，最坏的结局不过就是蘸满了糖醋。爱情不能等，你要主动出击。

有时候，你没有遇见理想的爱情，也不过是你还没有变成理想的自己。

2

一个姑娘私信问我，每天就是上班和家两点一线的生活，是不是这辈子可能遇不到喜欢的人了。

我觉得遇见爱情是先从遇见自己开始的，当你不知道喜欢为何物的时候，你挤进人海只会觉得很烦躁，当你有一瞬间被一双眼睛击中的时候，你才会突然觉得漫天都是粉色的小心心，连空气都是甜的。

当你在地铁站台遇见一个一眼就喜欢的人，你其实会期待下一次还遇见他，那种期待感特别美。人就是应该活得有所期待。也许你会说，碰不到会很遗憾，是啊，所以是你亲手把他放回人海的，干吗当初不走上前认识一下，从问他叫什么名字开始。

也许长大以后，我们慢慢地不敢表达爱了，怕失望，怕被拒绝，可是你不去恋爱，你就永远不知道你要什么。你在恋爱里走一遭，抱怨过、吵过架，暴露的缺点越多，你才会遇见真正的自己。就算是走进婚姻，也没人保证他一定能陪你走到最后。大家的人生都一样，犯错修正，你应该不会犯两遍同样的错，因为你会心疼自己，不会让自己再经历一次折磨。

你不去恋爱，怎么知道自己原来那么可爱。

你一定是碰到一些甜的东西、可爱的东西、有趣的东西，才让自己活过来，不要怕失去就把自己包裹起来，然后告诉自己我不需要。甜甜圈会吃完、芒果班戟会吃完、草莓卷会吃完，明白吗？恋爱最好玩的，不是得到的欣喜或者失去的难过，而是享受拥有时的那一刻的甜。

我记得以前看过一段话，恋爱太难了，你的前面有一堵墙、有一条河、有一座大山，有的人撞了南墙，好疼啊，然后停下了；有的人游过一条河，好险啊，上了岸，停下了；可是有个女子要翻过一座山又一座山，有人问她，你不累吗？你看，你的脚上都磨出水泡，走一步疼一步，算了，别跟自己较劲了。可是，她还是在翻山越岭，因为只有她知道，过了这座山有一片海，那里有一个人在等她。有时候，你觉得很难，那恰恰是生活在试探你，你到底有多想要你想要的东西。

你那么轻易说放弃，不过是因为你没那么爱而已，别怪缘分那么微妙，是你情深还不够。

《大鱼海棠》里说，生命是一场旅程，我们等了多少个轮回，才有机会去享受这一次旅程。这短短的一生，我们最终都会失去，你不妨大胆一些，爱一个人、攀一座山、追一个梦。是的，不妨大胆一些，很多事我都不了解，很多问题也没有答案，但我相信，上天给我们生命，一定是为了让我们创造奇迹的。

所爱隔山海，山海皆可平，海有舟可渡，山有路可行。

4

爱情无法凑合，婚姻更不能将就

不要担心孤独，讨好自己还不是分分钟的小事儿？

不要忧愁老之将至，你老了一定很可爱。

1

并不是每个人都适合结婚。

仔细想想，结婚不是人生的必答题，它更像是一张试卷的最后一道附加题，答对了加分，不回答不扣分。

你谈恋爱，就要花时间跟一个人相处，会开心快乐，会难过委屈；你不谈，把时间花在任何一件让你开心的事上也行，本质上没区别。

那些闻到榴梿千层蛋糕皱眉的人，命里可能早有了一份提拉米苏。

那些一辈子不结婚的人，可能也有一件跟结婚相提并论的小事儿充满她的生活，让她开心。

就像毕业了，看着身边的人都忙着实习找工作，你慌什么，想考研就沉下心来学习。

就像你年龄大了一点儿，看着身边的人都忙着相亲、结婚，你急什么，不打算嫁人就学点其他本事。

能让自己活得精彩，怎么会愁老之将至的孤独。

怕什么，生活不同而已。

也许，你实在太害怕一个人孤单，所以总想着找另一个人结婚来压压惊。

2

真的没必要去强求拥有一份可有可无的婚姻。

你看着人家吃麻辣水煮鱼真过瘾，可是别忘了你不吃辣。

你看电影里女主角的裙子真漂亮，小手一滑买了同款，收到货你就后悔了。

瑜伽课再怎么塑形，再怎么拉升气质，对于上不封顶的吃货来说，就是45分钟的花式遭罪。

活着，舒服就好。

成年人又不傻，做每一个对得起自己的选择就行，没必要委屈自己去讨好任何人。

羡慕别人干吗，吃惯了黄焖鸡非要学人家吃5分熟的牛排，那不是找不自在吗?

穿惯平底运动鞋的脚非要试穿 10 厘米的高跟鞋,那不是找摔吗?

其实,你不一定非要抹倔强色号的口红,才能碰到一个愿意亲吻你的人。

就算是 30 岁还没有碰到喜欢的人,急什么,你的人生里可开心的事儿不只是穿上婚纱嫁人。

谈恋爱很累的,要约会、要分享喜怒哀乐、要吵架、要计划未来,你暂时应付不来,就放放。

别将就去做让自己早晚会后悔的事儿。

3

结婚,应该是一场开心的经历,而不是人生必须完成的任务。

你的人生永远不在别人嘴里,而在你自己选择的生活里。

你要学会主动屏蔽一些让你不爽的建议,就算 30 岁,不结婚的女人碍着谁了?

没吃别人家大米,没喝别人家排骨汤,踏踏实实地过自己的日子,那是人家的选择。

成年以后,你活在人际交往的社会里,你的生活是社会关系综合建议的总和。你不知不觉被各种建议左右,你怕成为别人眼中的怪物，你努力想活得跟大多数人一样：到年龄结婚，到年龄生孩子，到时间接孩子放学，到时间做热腾腾的早饭，把家打扫得干干净净。

你不过是千千万万家庭主妇中的一员。

其实，每个人都在过着被别人羡慕的生活：结婚的人委屈爆棚的时候会羡慕单身的人的自由。

单身的人孤独的时候，会羡慕结婚的人的安稳。

生活总是从长计议，自己过得舒服很重要。

一辈子说长不长，为什么不试试用自己喜欢的方式去过呢？

4

你确实碰到一个喜欢的人，也确实想嫁给他，他也满怀期待地愿意娶你，那就结婚。如果你连自己跟生活之间的关系都处理不好，那么别慌慌张张开始一段你驾驭不了的感情，你会因为一个不合适的人，误认为爱情不过如此。

可是，真正的爱情很美，很般配。

是一大勺牛肉汤浇在一碗热乎的米粉上，冲得肉块欢快地滚动。

是一大勺滚烫的辣油浇在水煮鱼片上，刺啦刺啦地作响。

是一颗卤蛋千里迢迢参加卤肉饭邀请的盛大聚会，一切刚刚好。

曾经看到过一句话，好像是山本耀司说的，大概意思是："自己"

这个东西是看不见的，撞上一些别的什么反弹回来，才会了解“自己”。所以，跟很强的东西、可怕的东西、水准很高的东西相碰撞，然后才知道“自己”是什么，这才是自我。

你应该爱一个让你更耀眼，而不是让你低到尘埃里的人。

你爱对了人才知道，婚姻是一场很有趣的结伴旅行，结婚只是一场酒席的热闹，而撑起你整个人生的是相爱。

5

无论是否结婚，你都要趁年轻认真地生活，照顾好自己挑剔的胃，照顾好自己的情绪。

除了化妆，你必须至少有一样能让自己提升气质的东西，比如读书，比如健身，比如会好好说话。

除了约会，你必须至少有一样能跟自己独处的方式，比如看电影，比如旅行，比如戴上耳机放点自己喜欢的音乐。

为什么结婚？

就是当你觉得两个人在一起比一个人有意思；就是当你觉得即使依然会碰到很多问题，但是你们俩能处理好。

婚姻真的不能全靠隐忍、包容、理解、磨合这种听上去就很让人难受的行为，来相处经营，那种一天到晚累到趴下的婚姻你要吗？要吗？！要吗！

不要担心孤独，讨好自己还不是分分钟的事儿？

不要忧愁老之将至，你老了一定很可爱。

所以，请你把年轻过得很认真，认真生活，认真挑那个跟你生活的人。

如果有一天，你结婚了，希望是发自肺腑的开心，而不是大大松一口气，觉得完成了一个任务。

5

你可以不顾一切去爱一个人，但是别忘了自己是谁

其实，你早就知道，爱情是两个强者的风花雪月，

不是两个弱者的苦大仇深。

1

第一次有人催你结婚，你紧张。

对啊，再不结婚就晚了，身边的人管它幸福不幸福都结婚了，你拿出一张A4纸，努力写下你觉得朋友圈里适合跟你结婚的人的名字，然后又一个一个划掉，总觉得哪里不对。

有一天，你在面包店买了榴梿酥，越吃越停不下来，突然你知道了，这才是你想要的爱情，像是榴梿酥一样，爱的爱死、恨的恨死，它不像香蕉，好像人人都喜欢，好像跟谁结婚都一样。

有人跳出来说，别倔强了，差不多得了。你知道的，生活里我们有太多太多不得已的勉强，不得已的妥协，可是，这一次，唯独

爱情不行，我偏要倔强。你知道林深时见鹿、海蓝时见鲸、梦醒时见你，所以，你舍不得让自己委屈，随便找一个人嫁了，然后骗自己说这世上哪有那么多的爱情。

你不介意任何一种遇见爱的方式，包括相亲。你真的就想找一个发自内心喜欢的人，认真地谈一场恋爱，巧的话，结婚、生子，然后白头偕老。你知道什么叫喜欢，对啊，没爱过一个男人，还没爱过一支口红吗？没谈过一场恋爱，还没参加过双十一吗？你想啊，恋爱都要开始“促销”，那么结了婚还不得“全场五折”啊！只有跟喜欢的人在一起，才能保证恋爱和结婚“同款同价”，随时保持那种奋不顾身的喜欢。

2

第二次有人催你结婚，你还是会焦虑。

你也不停地问自己，怎么没有人来爱我呢，我到底哪里不好？

有一天，有个人满心欢喜地过来，说他爱你，你傻乎乎地把自己的红烧牛肉面给他吃，你图啥，我们早就过了用耳朵谈恋爱的年纪，现在大家都用眼睛谈恋爱，人家对你好不好，他爱不爱你，你都看在眼里，记在心里。

是啊，一遇到喜欢的人，你的第一反应不是自卑吗？知道为什么吗？因为你只有爱的心愿，没有爱的能力。留住凤凰，不是要告诉他你爱他，而是你要有一棵梧桐树。爱情啊，就是你有一碗红烧牛肉面，他有一盘新疆大盘鸡，巧了，拼桌一起吃，你夹那个大鸡块的时候，问一下他吃不吃红烧牛肉。

你缺结婚的对象吗？

你缺的是愿意陪你谈恋爱的人，那种你看他一眼心怦怦直跳的人，那种跟他在一起很甜很舒服的人。他懂你从前为什么单身，你懂他的未来里有你，所以，你拿红烧牛肉换了大鸡块，然后你们相视一笑说，真好吃。

你不知道红烧牛肉好吃吗？你不知道大盘鸡好吃吗？还有，你不知道炭烤羊排、麻辣蹄筋、培根豆腐皮卷好吃吗？你都知道啊，可是，你手里端着的只有一碗清汤面，谁来跟你换？

其实，你早就知道，爱情是两个强者的风花雪月，不是两个弱者的苦大仇深。

3

第三次有人催你结婚，你笑了。

你早就明白了，既然缘分未到，那就不急了吧，田间禾苗也不是拔几次就长高的，巴山秋池也不是一夜之间涨满夜雨的，江海也不是三五条小溪汇聚而成的。

"我不着急结婚，但凡压轴，必定好戏。"

是啊，25 岁该结婚了，可是我能不能有先不结的权利。是不是每个人生来就不一样呢，有的人 25 岁结婚生子，很好啊，可是我 25 岁还要看星空大海，还要吃双拼饭、还要读很多书，我不想跟一个“还凑合”的人过一段还凑合的日子。

你知道的，握着一个人的手不激动那是罪过啊！抱着一个人不想接吻，那也是罪过啊！我能不能慢慢地过自己的生活，然后遇见一个跟我节奏一样的人呢？可能我们这种人，生来就不讨这个世界欢心吧，所以你看我都 25 岁了还是一个人，不像你们，25 岁早就结婚生子了。

我们这种人，可能要花很长很长一段时间才会遇见那个同频率的人吧。就像在一片孤独的海里，有一头很奇怪的鲸，她一辈子都在哼唱，可是也许她一辈子都碰不到回音。你说，她唱得好孤独。其实你不知道，一个人哼歌也很酷，也很有意思的。

我也想像大多数人一样 25 岁就结婚，可是万一快 30 岁的时候，我碰到那头鲸怎么办？他唱起歌来好奇怪，可是我全都听得懂。他问我，你怎么那么傻啊，嫁给不喜欢的人，30 岁是要变成泡沫的。

我努力替自己解释，努力打扮得不像是一个怪物，像所有鲸一样游泳、像所有鲸一样唱歌，甚至像所有鲸一样结婚。可是，到头来我还是哭了。

他难过地说，你是美人鱼啊，我们天生跟他们就不一样。

是吧，所以我们没有必要把 25 岁都过得一样，想结婚就去结婚，想考研就去考研，想旅行就去旅行，想种花就去种花，想养金鱼就去养金鱼。正是这些奇奇怪怪的念头，才有了后来的我们。

有一天，你碰到一个人聊起来，你说，你也喜欢鱼啊？他说，对啊，对啊，你喜欢金鱼还是锦鲤？你笑着说，我喜欢麻辣和红烧。

都是喜欢，可是喜欢也有区别。

无论 20 岁、25 岁，甚至 30 岁、40 岁、50 岁，应该去做那些你真的喜欢做的事情，不被别人左右的事情。你应该很清楚，你跟那个劝你结婚的人，不是同一类人。

我想起以前写的一个小故事：

柠檬喜欢上了秋刀鱼，可是秋刀鱼嫌柠檬有点胖，于是柠檬拼命地减肥，希望有一天可以瘦下来嫁给秋刀鱼。

芒果说，换一个男朋友就能解决的问题，干吗委屈自己去瘦啊。

柠檬说，爱一个人，就愿意为他改变。

芒果说，你是不是傻？

柠檬说，爱一个人，就是愿意为他变傻。

芒果说，可是，你是大柚子啊！人家爱的是柠檬。

你当然可以不顾一切去爱一个人，但是，别忘了自己是谁。

6

活该你放不下旧爱，也得不到新欢

我不介意一直跑下去，

但是，希望你也别忘记了当初为什么一起跑。

1

我越来越觉得爱情长跑并不是一件乐观的事儿。

朋友说，你悲观了。当初你为什么长跑？

每一对情侣的赛道都不一样。你知道的，做可乐鸡翅没有在最佳时机收汁，晚一秒就会糊锅，你会恐慌，你会手足无措，你眼睁睁地看着锅里起烟，却无能为力。

大家都羡慕你恋爱好多年好甜啊，只有你知道，糖到最后也会甜到忧伤。

你看，豆沙面包 3 天就下架，成袋的鲜牛奶保质期只有 21 天，肘花火腿保质期只有 90 天，哪怕是真空包装，哪怕添加防腐剂，哪怕放在冰箱里，又能怎样，该过期还是过期。你喜欢吃的凤梨罐头也有等不到开罐器的那一天，火锅涮到最后，你也早就对那个漂在汤上面的鱼丸失去了兴趣。“我爱你”这句话，熬过几年以后，你说是说的人信，还是听的人信？

其实，过了很多年，早就把那颗当初非你不嫁的心磨得渐渐麻木了。没在我想嫁的年纪娶我，最后所谓结婚，也不过就是走一个过场，觉得不结婚，前面那么多年的感情就可惜了。

累了以后的那个拥抱，跌倒了那句疼不疼，都晚了。倘若当初你拉我一把，也许不至于跌倒呢。

是啊，大家都说，如果你来得晚一点，我不介意再等等。可是，太晚的话，就别来了，我大可拿这些美好的时间去做一些有意思的事儿。其实清风明月有书也行，其实高歌夜舞有酒也行，其实翻山越岭有梦也行，干吗等你？倒是你，赠我一场空欢喜，让我等了又等。

回想这些年，我知道我在一条怎样的跑道上，包括我的速度、我的耐力、我的终点线。可是那个陪我跑的人她怎么想？要知道，她身边的朋友一个又一个陆续结婚，她参加一场又一场的婚礼，她是否也曾想过是某一场婚礼的主角，是否也曾想过穿着白色的婚纱听她的爱人说“我爱你”，午夜梦回的时候，她有没有害怕过最后娶的人不是她。

我曾不止一次后悔，既然是你，早一点娶你那该多好啊！

反正要在一条赛道上跑下去，我不在乎名次，那就绑在一起，两人三脚，一开始步伐笨笨的，总是不协调，慢慢的，不就好多了吗？两个人并肩跑，那个耐力好的人越跑越快，跟那个耐力差的人的距离越来越远。那个跑的快的人真的愿意等那个跑的慢的人吗？我不信。

我还是喜欢两人三脚的那种爱情长跑，慢一点，聊着天，累了就停下来休息，也许你会指着远方的山说，你看好多人爬到那个山顶了，我好担心我爬不到。

我会拉着你的手，跳进一条山间的小溪，扬起水花，那些小鱼儿也许一辈子没见过大海，但不重要，游得开心就好。

我以前看过一个很有趣的马拉松比赛，第一名跑得很快，所有人都跟着他跑，结果跑错了赛道，反而最后一名夺冠了。

结了婚，就是认一条道，按照你的节奏跑下去就好了，也许我们终究不能翻过那座山，可是跟喜欢的人过了一条河，也很酷啊！

我不介意一直跑下去，但是，希望你也别忘记了当初为什么一起跑。

2

"我以为你会娶我。"

是啊，想娶的话早就娶了，总是拖着，拖到最后，往后余生好像每天都是一种煎熬吧。其实已经没那么爱了，大家只是都不愿意先张口说“算了”。

想想，三年五年、七年八年，还有人爱了整整一个青春。

你不舍得告别，但是你也深知，往前走你看不到希望。

好难选择啊。

从前朋友去参加前女友的婚礼，到了酒店门口，抽了半包烟，也没敢进去。他说，她在里面结婚，我爱了她 7 年，我以为她不急，我以为她会嫁给我，我以为……

我说，你输给了自以为是。你不敢面对的不是她穿上婚纱，而是你的 7 年不堪一击，因为你没那么喜欢她，7 年啊，你腾不出一个星期天娶一个姑娘？别逗了，百无一用是事后的情深。

你可以让别人等你，没问题，你告诉她具体等到哪一天，她好等得有盼头，等那一天到了，不管是刮风下雪下冰雹下刀子，民政局见。

不给日期，让人家瞎等，是不是不礼貌？

想结婚，你还不抓紧，你又不是快递和外卖，凭什么让人家一直等你。

这世上哪有十拿九稳的爱情，你不珍惜，自有人珍惜。谁都不是谁的唯一，大家都有第二选择，没有规定说第二选择一定比第一选择差。幸福这种事儿，只有在懂的人手里最甜。

他说，算了，给不了她幸福，就别去她婚礼上给她添堵了。

是啊，分开后有多深情，就知道从前在一起时有多浑蛋；分开后有多绝望，就知道从前在一起时有多失望。

对给的承诺一次又一次爽约，就像一刀一刀捅在爱情上，后来，爱情死了，躺在地上一动不动，你难过地问爱情，你怎么了，你到底怎么了？

怎么了，你心里一点数没有吗？

从前我们都不相信“恋爱越久越不结婚就会分手”这个魔咒，却在知道不可能的那一瞬间由衷地轻松，就像你喜欢橱窗里的一只泰迪熊，你犹犹豫豫没有买，晚上回家辗转反侧还是想着“要是买了就好了”，第二天，你满心欢喜地去买，没了。

就是这样，毫无征兆，也许你会站在橱窗前失落一会儿，可是，你还是会重新回到街道上，越走越远。

有些事儿，我们勉强不得，有些爱而不得，也有些失而复得，但是更多的是，失去就是失去了，再也不会回来了。

所以，祝你一路顺风。

7

爱对了一个人，
人生就等于做对了大部分的事

结婚一点也不好玩，

只有与那个让你相处不累的人结婚才好玩。

1

一个姑娘，过了25岁，会是怎样的人生？

你害不害怕，突然有一天一个人闯入你生活的舒适区，喝你冰箱里的啤酒，躺在你的沙发上，从此以后，你们以婚姻的名义吃喝拉撒睡在一起，开心的时候火树银花，吵架的时候一地鸡毛。如果你害怕，就再等等，你会长大，那些小时候怕黑的小孩，后来还不是长成了关灯睡觉的大人。

为什么要劝人结婚啊！结婚只是一种生活方式，跟学生时代的寄宿群居生活一样，只是一种方式，喜欢，能应付，就去结婚，不喜欢，就远离，别拿单身女生一个人生活有多危险来吓唬她们，劝她们莽撞地开始一段婚姻才更可怕。

一个姑娘有趣的人生，并不是拿结不结婚来衡量的，相反，婚姻会拖累大部分没有准备好的姑娘，我害怕“会”结婚的人。我说的会结婚，不是早晚“会”的会，这个“会”的意思是懂得。懂得怎么结婚的人，让我觉得害怕。

20来岁坚持独身主义的姑娘，可能突然在30岁的那天吹灭了生日蜡烛，遇见了喜欢的人。想结婚了，那就结啊！一个姑娘想要嫁人，她随时可以嫁掉，无论是什么岁数，可是那是她想要的生活吗？

2

那个嚷着要去追男神的姑娘，后来很少提及那个男生了。那天，她刚好路过，听见男神背地里跟几个女生调侃她，说她那么丑，我怎么会喜欢她。她很想把手里买给男神的咖啡泼在他脸上，但是她骨子里的教养告诉她：忍住。

一个姑娘变美，很难吗？说不难，知耻而后勇，好好保养修饰即可；说难，时光削骨岁月磨皮，一层修为一层滤镜，生活从来不会对你温柔以待，你只能死扛，扛过去，回头看，你所谓的那个男神，不过就是普普通通的男人而已。

那个姑娘说，我不着急结婚，还有很多书要读，还有很多赘肉要减，还有很多风景要看，还有很多礼仪要学，还有很多聚会要参加，我很忙很开心很充实。

我害怕会结婚的人，他们在婚前就打磨好了那个最美的自己。

3

几年前，我问一个朋友，5年后，你会怎么样？

她笑着说，应该有一个3岁的孩子，被我打扮得漂漂亮亮的，跟着我坐火车坐飞机，去很多的地方，他看到的世界的样子应该跟我不一样，但是，我不会要求他写一篇作文告诉我。

我说，可是，你连男朋友都没有。

几年后，她带着3岁的女儿路过青岛，我在栈桥附近的一家餐馆请她吃饭，她的女儿笑着说："叔叔，你的胡子真好看，你是不是山羊变的？"

我也笑着问她："你是什么变的？"

她仔细想了想，一本正经地说："我爸爸拿积分兑换的。"

那年，她妈妈跟一个男同事一起出差，当时时间有点赶，他们准备拉着行李跑，那个男同事突然拉住了她，然后蹲下来，给她系了鞋带，跟她说，不用急。打折的机票不能改签不能退，她觉得很可惜，那个男同事又补了两张机票，笑着跟她说，积分兑换的。

结婚后，有一天，她用他的账号登陆去买机票，才发现哪有什么积分兑换，他不过是那天重买了两张原价票而已。

我记得以前她说过一句话，印象很深刻，她说，一个没有职业规划的姑娘未来是迷茫的，很容易在恋爱和婚姻里失去主动权，做的决定也让人心酸。一个姑娘只有努力，才会在结婚和生小孩之后在家庭里有公平的话语权，不努力永远会是那个被牺牲的一方。

我问她，5 年后你会是什么样子。

她笑了笑。

我知道，她说出什么答案我都不会惊讶。按你规划的去生活，否则，迟早会按着你生活的去规划，生活从来不会因为你是弱者而选择对你下手轻一些。那个被伤得遍体鳞伤的姑娘，最后一定会在新肉上长出铠甲守护着自己那颗少女心。

我害怕会结婚的人，他们早已规划好了人生，只是顺道结了婚。

4

一个厨艺特别好的姑娘意味着什么？

她不会随便泡一碗面、点一份外卖或者找个路边摊来糊弄一顿正经的晚饭。很久以前，我跟你一样好奇，10 块钱就可以在街边买到 3 个榴梿酥，干吗还要买烤箱、买榴梿、买高筋面粉、买黄油、买一大堆烘焙用的东西，为什么要自找麻烦？

我听过一个姑娘的答案：充满仪式感的生活特别有劲。点100顿外卖，最后得到的是什么？但是，我自己做100顿饭，就学会了100种讨好自己的方式，你知道，那有多开心吗？一个厨艺很棒的女生跟一个不会做饭的女生中间差着100种不同的人生。

成年人的世界里，能管住自己嘴的人多厉害啊！知道什么饭不能吃，什么话不能说，那有多不容易。大家都很忙，都很疲惫，有的人懒得躺在沙发上点外卖，但也有人下班绕道菜市场，挑选自己最爱的蔬菜、水果和肉，灶上生火，那火苗真绚烂，是热气腾腾的人生啊！

无论有多难，也要好好照顾自己，你对生活的态度，后来成了你整个人生的状态。

我害怕会结婚的人，尤其是那些还没有结婚就已经懂得怎么把生活过得精致而有趣的人。

5

对一个人来说，别指望通过结婚来弥补失败的生活，那只会让你经历更糟糕的人生。如果你正在经历的是你想要的生活，那跟结不结婚又有什么关系呢？

结婚一点也不好玩，只有与那个让你相处不累的人结婚才好玩。

8

一起成长，才是最浪漫的事

你的春夏秋冬他都走过，他的东西南北你都去过，

其实岁月本无痕，可是偏偏有一条路两排脚印，有深有浅，无比可爱。

1

陆白快要结婚的时候，说过一些很残酷的话：

那些没跟爱情一起长大的女孩子，后来都会被婚姻淘汰。你可以偶尔像个小女孩，但是大多数时候你得是个大女人。成年以后，没有人会一次又一次原谅你的天真幼稚，成熟的女人会嫁给陪自己长大的男人，大家都喜欢跟专业的人共事，无论是职场还是婚姻。

那时候我还笑着跟她说，你应该嫁给一个把你宠成孩子的男人。

她摇摇头笑着说，无论谁宠谁，都得有个限度，否则一个越来越累，一个越来越傻。婚姻的路很长，需要的是两个人配合，不是一个人的拖家带口。学会分担责任很重要，没有哪一种方法比夫妻

共同成长更能保鲜爱情，别做婚姻里扯后腿的那个人。

小时候，我们都知道落后就要挨打，落后就要被淘汰。在婚姻里也一样，彼此相爱，就是一对一互助小组，如果不能一起成长，那么总有一天有个人会先离开去远方。

2

陆白有一天跟男朋友吵架，最后她像往常一样说，“分手”。

男朋友说，“我已经没有力气再哄你了，我真的累了。有时候，我觉得自己挺惨的，想找个东西靠靠，一回头却发现身后什么都没有；有时候，我跌倒了，我希望有个人过来扶我一把，告诉我说没事儿，而不是埋怨我走路不小心。一个人去规划两个人的未来，这笔买卖又累又傻。”

陆白突然愣了一下，她以为他会一直宠着她、惯着她，但他的委屈把他一下子打回了原形，原来他也需要人懂，他也需要人爱。

陆白小心试探地问：“你不爱我了吗？”

男朋友说：“你还爱我吗？”

陆白说：“可是，我只是想让你哄哄我。”

男朋友说：“可是你知道吗，如果我把时间都用在哄你，那么我们注定不会走得太远，有些情绪我们得学会自己消化，《神探夏洛克》里有句话说：眼泪是挡不住子弹的，否则那该是个多么柔情的世界啊！”

陆白傻傻地说：“我怕你不爱我了，所以偶尔作一下。”

男朋友说：“我知道你为什么要作，因为你觉得我给你的安全感不够，你慌了，所以你总想找点事情证明我爱你。你不知道我为什么总加班，约会总迟到，总不及时回你短信。我本以为你懂我，我在忙着赚钱计划我们的未来，其实你不懂我，小孩子才谈情说爱，大人都是要结婚的。

“所以，我觉得累了，觉得你无理取闹。其实怪我，一开始没带给你安全感。

“我总觉得外面风雨大，其实你想陪我一起回家。

“我想给你一个完完整整的蛋糕，其实你想陪我从和面开始做一个属于我们俩的蛋糕。

“我现在才懂什么叫未来，你参与的现在才有未来，既然说好了白头到老，那就风雨兼程呗。”

3

陆白跟男朋友偶尔还会吵架，直到有一天，她发明了“吵架转化机”，是她最爱的多啦A梦存钱罐，只要任何一方有情绪，想要吵架的时候，就往存钱罐里放100块钱。

比如说陆白想吵架，就放100块钱，还想吵，就继续放，有一次放了1000块钱，最后不舍得放了，男朋友就坐在旁边乐呵地看着笑着，还助兴地说着：继续。

也有一次，男朋友委屈得快爆炸了，放了1500块钱，把陆白乐得在沙发上打滚，哈哈笑着说，想不到你也有今天啊！

“吵架转化机”里的钱一个月一清，攒多了，他们就周末出去旅行，攒的少，就去看一场电影吃一顿饭。总之，这些原本撒在对方身上的火气经过哆啦A梦一转化，反而让日子变得红红火火了。

有一个月，“吵架转化机”里没有钱，他俩先是一愣，然后突然大笑起来，陆白还挑衅地说：“来一架？”

男朋友说：“多少钱的？”

陆白说：“你先押。”

男朋友毫无防备地笑着从钱包里掏出来200块钱放到“吵架转化机”里说：“来200块钱的。”

陆白突然抱起“吵架转化机”一边跑，一边哈哈地笑着说，有恋爱基金了，楼下新开了一家麻辣鸡架店，我要去吃鸡架。

男朋友就跟在她后面跑着追她。

一辈子那么长，不可能不吵架，换一种方式，就变得很可爱了。

谁都有委屈，谁都想被宠得像个孩子，可是我们都深知，能一起长大已是一种荣幸，实在不能强求太多。

其实，你我都不懂爱情是什么，只是有一天，有一人来造访你的生命，你藏不住从前读的书、走的路、看过的风景，然后统统说给他听。你眼里温柔，心底柔软，你觉得这个人好奇怪，他干吗来分享我的经历？

可是，你更奇怪啊，干吗把你的前半生独独说给他听，重新说一遍。

好的爱情是什么样子？

我理解的是，在彼此身边就像是孩子，如果对方不在，各自都能独当一面。

你的春夏秋冬他都走过，他的东西南北你都去过，其实岁月本无痕，可是偏偏有一条路两排脚印，有深有浅，无比可爱。

跟爱的人一起长大，那应该是最浪漫的事儿吧！

9

不让媳妇失望，是爱媳妇最好的标准

姑娘真傻，

人家用一句“我爱你”就能换她一个天长地久。

1

我在产房外哭过，在我儿子出生前4小时。

我害怕从产房里传来护士传唤的声音，我亲耳听到一个产妇疼得撕心裂肺，护士叫家属签字，剖腹产，二胎。产妇实在是扛不住了，老公握着老婆的手说“不怕”，然后产妇从产房被紧急推到手术室，整个走廊都是那位产妇疼痛的喊叫声，特别揪心。

护士突然通知我，你媳妇快开十指了，你抓紧去楼下买一些孕妇用的卫生纸。

我从三楼跑到一楼的超市，又从一楼跑回三楼产房，眼里全是泪，把卫生纸递给护士的时候，腿开始打颤哆嗦。

护士笑着说，没事儿，别紧张。

我在产房外等着，没有消息，一直没有消息，比预计的时间晚了近一小时，同时跟我媳妇一起进去的产妇已经有了喜讯，是个千金。孩子的爸爸，开心得在门外编辑着短信发给亲朋好友。而我，还在等着。

我发信息给媳妇，她拍了一张自拍照发给我，回复了两个字：输液。

我问，你怎么样？

然后，一直没有收到信息，特别惶恐，每一次产房门打开，我的心都跟着揪一下，生怕护士通知我一个不好的消息。

直到媳妇从产房出来，我看着她，一脸憔悴，毫不夸张，那是经历生死之后的蜕变。一个姑娘是有多爱一个人才会给他生孩子。只有真正经历过才懂，什么叫爱你如生命。

后来，我听媳妇说，助产士告诉她，你疼你难受的时候，孩子也在陪着你，你忍着多努力一下，孩子就少遭一些罪。

女人生孩子那种疼，不死过一回，永远不懂。

去他的爱情吧，这是玩命，哪一个女人不是在玩命地爱一个人。

2

我把媳妇推回病房，我说："你好好休息。"

她笑着说："你不看看你儿子？"

我说："儿子？"

她说："是不是很失望不是一个女儿？"

我笑着说："没，你生什么我都喜欢。"

那一刻，儿子躺在妈妈怀里特别的安静，我不清楚他知不知道自己经历了什么，但是我知道，他跟妈妈一起见证了一个伟大的时刻，他比我勇敢，因为那一刻，是他陪着妈妈。

因为床铺紧张，不大的病房里摆着三张床，我媳妇的床在中间，左边的产妇很年轻，是生第二胎，已经有了一个5岁的女儿。生第二胎是什么概念，把明明知道的恐怖重新再经历一遍。这女人，真勇敢。

左边的产妇跟他老公都来自农村，结婚早，生第一胎也早，这几年他们做生意，赚了一点钱，想再要一个孩子，两个孩子也好有个伴。两人初中毕业就从家里出来打工了，读书少，现在就想让孩子好好上学，多学点知识，长大以后再也不用起早贪黑地赚辛苦钱了。

说起女儿的学习，她脸上的笑容特别好看。

一个女人，慢慢地在实现自己想要的生活，应该是一件极其开心的事儿，她看她老公的眼神充满了温柔，那种感觉是经历了大风大浪后的心安。在现实生活里，她老公一定特别爱她。

第二天要出院，她开心地说，婆婆老公和女儿会一起来接她。她很早就开始收拾，梳妆打扮，坐在床边等着她老公去办理出院手续。

他们一大家子来了，女儿手里拿着一大束花，递给她，然后一下子抱住了她，笑着说："妈妈，妈妈，这花是我选的，好不好看？"

她老公办理好出院手续，可以走了。她突然笑着说："躺久了，还不大愿意走路了呢。"

她老公笑着说："哎，结婚的时候，也是这么骗我抱你下楼的。"然后，她老公就抱着她下楼了。果然，嫁对了人的姑娘都是小公主，当了妈也有公主抱。

3

我媳妇病床右边的产妇几乎是跟我媳妇同时入院的，他们家的女儿比我儿子晚出生几分钟，待产前，婆婆和小姑子一直跟着，入院的那天上午，婆婆就打电话跟她儿子说，订最好的月子餐。

她生个女儿，从产房出来，婆婆抱着孙女都乐得合不上嘴，自言自语地说，这小嘴漂亮，像妈妈，笑了，她笑了，媳妇你看，她笑了。女人说，妈，你先把娃娃放下，休息一会儿吧。

放下孙女，婆婆走到窗户前小声地打电话，应该是跟她好姐妹通话，特别自豪地说，我当奶奶了，那可不，大千金，羡慕不，可漂亮了，像她妈妈。

后来，女人的老公来了。一过来，就握着老婆的手，也不说话，就那么一直开心地看着。也不知道握了多久，婆婆说，行了，别握着了，让你媳妇好好休息，快去再准备一点好吃的。

女人的老公撒娇说，不，不，我就握着。

一米八几的大个子，铁汉啊，在他妈妈面前、在他媳妇面前，撒起娇来也是柔情似水。

原来男人疼起自己的老婆来都是萌萌哒。原来，经历一些苦难，会让两个相爱的人手握得更紧、拥抱得更紧。原来一个女人，愿意义无反顾地承受痛苦生一个孩子，是因为她相信，她深爱的这个人一生都不会辜负她。

女人真傻，人家用一句“我爱你”就能换她一个天长地久。

4

儿子出生第 7 天被发现得了病理性黄疸，需要进行光疗。

被送进新生儿监护室的时候，他还笑呢，他甚至都不知道笑是什么意思，他不知道这一扇门关上以后迎接他的是什么，而我还有媳妇要安慰，我们做了最好的准备，可是原来我们也会无能为力。有时候，事儿选中了你，就得扛，谁让你身为人父了呢，有了父职就要顶天立地，谁管你身高是多少呢。

到了医院就会有比较，在比较之下我媳妇有点自责，为什么自己奶水那么少？儿子被送进监护室后可以给他送奶，然后媳妇会用吸奶器把奶吸到奶瓶里，吸奶的过程那么疼，她还忍着疼问我，这些奶，够不够？

儿子收到的新生“礼物”是光疗6小时。被推出来的时候，身上多处爆皮。但他异常的安静，像是安慰我：爸爸，你看，我没事的。

我也自己安慰自己，其实也挺好，从小儿子就是一个有故事有经历的男人，未曾磨难难成人，不经打击老天真。但愿他能扛过去，我还有好多故事讲给他听。

媳妇说，成长嘛，总是伴随着磕磕绊绊，小伤小痛，然后就长大了。

经历过一场脱胎换骨的洗礼，才亲眼所见一个女人多伟大。

媳妇邻床的产妇经历了更大的磨难，她是剖腹产，平常人都是横切一刀，她是横竖各一刀，孩子生出来以后没有呼吸，直接被送进抢救室。她说，那一刻她唯一的想法就是给老公添麻烦了，她老公这一辈子算是“祸害”在了她手里。你看，那么紧要的关头她都没有想过自己的安危。现在你知道什么叫作感情了吧。

抢救了好几个小时，孩子算是脱离了生命危险，想来生命真是顽强，婴儿才出生就拼命地努力，我们谈何放弃。听媳妇说，顺产的时候，每一次阵痛都是孩子跟妈妈一起在努力，他要来这世界看看。

无数次觉得生活很平淡，爱很平淡，柴米油盐的日子很平淡，可是，当我想起我在产房外等一个女人出来，就知道，这份爱不容易，她给我的爱远远超过我给她的，能被这样的女人爱着是福分。

我常常觉得自己做得不够好，是因为我亲历了那个让人担心、害怕、紧张的时刻，也在病房里，目睹了那么多男人疼爱自己媳妇的样子。这世间从来不缺爱，不缺陪伴，唯有多爱自己媳妇一点，再多一点，才觉得自己配得上她脸上的那个笑。

不让媳妇失望是爱媳妇最好的标准，更别等到在产房门口才能明白。

10

不要为已经发生的事抱怨，要为还未发生的事欢呼

你改变不了已经发生的事儿，

但是，你可以让即将发生的事儿变得美好一点。

1

我和媳妇准备带儿子出去吃饭，这是前情提要。

每次出门前，大叔范儿的我都要扎一个美轮美奂的丸子头，人到中年，不能油腻，要努力做一个精致“男孩”。那天，我的手法明显慢了，皮筋松了，多绕了一圈，儿子站在门口等急了，开始闹。

我和媳妇赶紧走到门口去哄他，我问了儿子一句：“中午你想去哪里吃饭？”

儿子猛地一推门，门“哐当”一声关上了，我和媳妇一愣，几乎同时问了一句：“你拿钥匙了吗”？

媳妇说：“钥匙还在里面挂着呢。”

儿子开心地笑着说:“出发，出发，出发。”

我问:“怎么办？”

媳妇说:“找家开锁公司就行了。”

这是我人生中第一次把自己锁在门外，你知道眼前就是家，可是你就是进不去，气人不?

大概你理解不了我的难过，我给你举个例子，你喜欢一个人，他就站在你面前，你就是不敢告诉他，你没有走进他心里的那把钥匙，气人不?

一大碗酸菜鱼搁你面前，那鱼肉一看就细腻鲜嫩，那酸菜一看就让人垂涎三尺，可是现在只让你闻闻味儿，气人不?

假如以前碰到这种事儿，我大概会站在门口相互抱怨一顿吧，一出门就遇到被锁在门外需要花钱开锁的事儿，谁能开心啊，甚至有可能因为这点小事儿影响一整天的心情，可是，婚姻里有太多鸡毛蒜皮的小事儿，如果事事计较，那一定会很累的。

媳妇说，不要为已经发生的事儿懊悔抱怨，要为还未发生的事儿庆幸欢呼。

结婚以后，面对孩子制造的麻烦越来越多，可能心态就越来越乐观了吧。我们家陶瓷杯子还剩下 1 个，原本可是 8 个啊，墙上、沙发上被画得面目全非，全是抽象主义派画风；一大早玩具就撒了满屋，来吧，勇士，开始你一整天的冒险吧；晚上哄睡，唱歌讲故事，我能把自己哄睡了，也不一定能哄睡儿子。

看开点吧，这就是婚姻。

看开了所有事儿后，就变得有意思了。已经发生的事儿，比如儿子打碎了一个盘子，拿扫帚打扫一下就好了，可是，尚未发生的事儿，也许更精彩更值得期待呢，比如，儿子又拿起来一个碗。刺不刺激，好不好玩？

某天，有很多读者问我，怎么发布的文章被删除了，其实是儿子要看《小猪佩奇》，我没让他看，后来他偷偷用我的电脑，我的公众号后台正好登陆着，然后我的文章就没了。

刺不刺激，好不好玩？

所以，我常常安慰自己，人到中年，看淡喜怒哀乐就好了。

那天，我们本来计划是去银行升级 U 盾，然后吃饭，顺便玩玩，可是，门被锁了，有一瞬间还在为怎么找开锁公司烦恼，突然想起另一件事儿，我问媳妇，是不是咱俩身份证都带着了？

我媳妇点点头。

我说，要不要去开个房冷静一下？你看，上天只是给你关了一扇门，你不觉得这是一个契机吗，你可以推开无数酒店的门，每一扇门里都有空调、西瓜和 Wi-Fi，还有啤酒、烧烤、世界杯。人生就是关上一扇进不去的门，然后推开一扇新的门。

媳妇笑着说：“行，哦，等等，别推带星的酒店门，贵！”

我说：“好，推一个晚上能看星星的。”

2

结婚，真应该找脾气对味的人，大事能化小，小事能化了，即使是生活百般刁难，依然能找到无数欢乐的瞬间，你看不开很多小事儿，难免让坏脾气伤害最爱的人，你看开了，前面就会有无数新的惊喜等着你。

结婚这几年，我觉得婚姻最有意思的一点就是：你跟一个喜欢的人在一起，不怕去过任何一种生活，风雨也喜欢，阴晴也喜欢，见招拆招呗！

上天给你锁了一扇门，你可以去开个房啊；生活给你一拦路虎，你就把它当路虎开走得了呗。烦恼背后都藏着一点惊喜，婚姻，要的就是一股子乐观劲儿。

你改变不了已经发生的事儿，但是，你可以让即将发生的事儿变得美好一点。

那天，我租了一个帐篷，搭在家附近的河边，媳妇问：“我的空调呢？”

我拉开帐篷的一角，笑着说：“自然风，南北通透。”

媳妇问："我西瓜呢？"

我把西瓜端到她面前，插了一个勺子。

媳妇又问："Wi-Fi 呢？"

我打开手机，调到她正在追的电视剧，说："不限流量，随便看。"

媳妇笑着说："找家开锁公司开锁就能回家的事儿，干吗整得这么复杂。"

我喝了一口啤酒，笑着说："你不觉得今晚的星星有点亮吗？"

我不知道儿子懂不懂把门关上的那一刹那，我们三个人就被锁在门外了，想打开没有那么容易，但是我知道，他每一次给我制造的麻烦背后都藏着一个惊喜，如果我盲目地去抱怨他、埋怨他的话，可能我就没有机会发现了。

很庆幸，我每一次都找到了那个惊喜。

媳妇比我更早知道这个秘密，所以，她很早就懂：不要为已经发生的事儿懊悔抱怨，要为还未发生的事儿庆幸欢呼。

11

你让我心动，我让你心安

人心都是柔软的，只是被现实折腾得有些褶皱，

要相信，这世上真有天使，每天晚上会偷偷地来熨平每一颗受伤的心。

1

私信里收到一条特别悲伤的留言：我才 24 岁，欠了 50 万元债，我不想活下去了。

24 岁的姑娘，为了给妈妈治病，欠了 50 万元的债，可是她月薪才 3000 元，她的妈妈几次偷偷地把药藏起来，想放弃治疗。

她一直瞒着，不想拖累男朋友，就选择了分手，可她都没有时间为爱情好好痛快哭一场。

她说，我是真的真的很爱他，可是人生为什么这么苦，我才 24 岁啊！

我说，你才24岁，人生很长的，苦瓜炒鸡蛋第一口苦，往后口口败火；咖啡第一口苦，往后口口提神，50万元不过是你此时的人生下限，你还没有试试人生的上限在哪里呢。别怕活着，故事总是先虐后甜。

其实你放眼望去，谁心里没点苦呢，熬夜加班没有存款，苦恋多年最后分手，只是一觉醒来，大家都在忙着奔波，就为了一点点渺茫的希望挣扎着，想着总有一天会熬出头，我们谁都不知道总有一天到底是哪一天。

可是，还是不敢放弃，怕辜负了从前受的苦，再忍一忍，总会好一点吧。

姑娘说，活着真是又累又没意思啊！

我说，我很讨厌螺蛳粉，有一天，在朋友的怂恿下吃了，居然越吃越嗨，一个人吃了一大碗，就像弥补之前的错过。

我曾经很讨厌榴梿，有一天，喜欢的姑娘吃完榴梿，笑着亲了我一下，我才知道，榴梿好吃得不得了。

我讨厌吃面条，有一天，丈母娘做了一大锅豆角排骨焖面，我自己扒了几瓣蒜，结果吃到肚子涨得圆鼓鼓。

这一切，只有活着，你才知道，朋友、爱人、亲人可以把一件很小很小的事儿变得可爱，那些好的坏的经历，都成了你人生的一种馈赠。

有时候，也许并不是讨厌，而是我们缺那么一个帮我们引见人生的人，他会让我们不害怕接触我们从未接触的东西，抹了甜辣酱的炸串，旁边放杯酸梅汤就很可爱；鲅鱼锅贴有了蒜泥，就是最佳拍档；你最爱的鸳鸯火锅，也只有跟最爱的人一起，才会涮得无比放肆。

谁都有迷茫无助、灰心丧气的时候，大人的世界崩溃无声，干吗要一直撑着坚强呢？哭一会儿，哭出心里的憋屈就好了，想要发泄对着墙骂一通就好了，不要把所有坏情绪攒在心里。

缺钱，那就努力去赚钱；缺爱，那就努力去谈恋爱。你总要忙起来，才不会胡思乱想。

2

分手那天，姑娘的男朋友生气地说：“其实你压根就没有想过嫁给我，你一直在骗我。你怎么证明你爱过我，你敢跟我结婚，我就信，你可以再离婚，咱俩两不相欠。你不敢吧，所以你今天说分手，我一点都不稀奇，反正你又没爱过我，我难受，你又不会心疼。”

第二天，姑娘赌气跟男朋友领了结婚证，姑娘说：“现在可以证明我爱你了吧？”

男朋友说：“嗯，你知道我存款不多，本事不大，50 万元的彩礼我能分期给你吗？”

姑娘愣了愣。

男朋友说：“我知道你为了给妈妈看病借钱借遍了所有亲戚同事，你干吗唯独不告诉我？”

姑娘说：“你干吗娶我？我会把你拖进我生活的旋涡，你一辈子就完了。你是不是傻，你知道 50 万元是多少吗？我就算不吃不喝，也要还 14 年！”

男朋友笑着说：“大概是因为你太甜了，所以生活才让我吃点苦头吧。另外，我必须纠正你一下，你不可能一直月薪 3000 元，加上我的工资，咱俩一起不吃不喝的话，最多 5 年吧！哦，对了，我也不可能一直月薪 7000 元。所以，咱们一起努力呗，争取有吃有喝，5 年还清。”

姑娘埋怨说：“你干吗骗我结婚？”

男朋友笑着说：“你叫我一声老公，我听听好听不，不好听的话，就离。”

真好啊，生活多残酷，就有多温柔。

我一直相信，你不是一个人在努力，无论你正在经历什么苦难，有多苦多累，都有一个人在陪着你。如果你暗恋一个优秀的人，想要靠近他，就要变得像他一样优秀。其实，爱情在不远处，跑过去就好了。

有时候，委屈了，给父母打个电话，父母一句“别总熬夜，吃得好点”，就让你浑身充满力量。其实，怀抱就在不远处，跑过去就好了。

你喜欢上某个人，开始愿意追逐他的身影，是因为在你迷茫的时候，他在不远处鼓励你。其实，光就在不远处，跑过去就好了。

你看，你怎么会是一个人呢？别放弃自己，你真的会扛过去。

人心都是柔软的，只是被现实折腾得有些褶皱，要相信，这世上真有天使，每天晚上会偷偷地来熨平每一颗受伤的心。

3

我一直觉得最扯的一句话是：压力产生动力。

这句话试图说服你相信：弹簧越压，它弹得就越高，所以别害怕生活的压力，别害怕生活的苦难。

拜托你，醒醒，压力真的会压垮一个人的，不要埋怨自己，不要抱怨自己，其实你已经做得很好了，也许只是努力的方向偏了一点点。弹簧弹得高不是因为你给了它压力，是因为弹簧本身的弹性作用，你给一坨橡皮泥压力，你试试它能弹起来吗？

明白了吗？是能力产生动力，不是压力。

所以，无论你今天正在经历什么苦难，它折磨你、虐你、暴击你，都别给自己压力，有些事儿，一次做不好，那就做两次三次十几次，大不了熟能生巧，慢慢来，能力上来了，生活就拿你没办法了。

你一定知道你的弱点在哪里，趁生活还没发现它以前，弥补它。

12

口袋里装着糖的小孩，运气一定是甜的

你想拥有的东西，每一件都值得你付出代价，

因为得到的那一刻，心里是美滋滋的。

1

有一天晚上，儿子突然从卧室跑到书房找我，问："爸爸，家里有酸奶吗？"

我说："没有。"

然后儿子失望地走了，一会儿，我听见卧室里有哭声："爸爸说没有酸奶！"

儿子又跑过来问："爸爸，家里有火腿肠吗？"

我看了一眼电脑上显示的时间，已经半夜 11 点了，犹豫了一下说："有。"

我家楼下有 24 小时便利店，现买的话也来得及，不想让儿子失望，我就撒谎了。

儿子跑回卧室，开心地跟我媳妇说："爸爸说有火腿肠。"

然后，儿子跑回来把我从书房拉到厨房，让我打开冰箱找火腿肠。冰箱打开了，没有，他很失望，准备要哭，我故作惊讶地说："一定是咱们打开的方式不对，冰箱睡着了，10 分钟后你再来打开好不好？火腿肠会有的，酸奶也会有的。"

我准备换鞋去楼下买酸奶和火腿肠，没料想媳妇从卧室里冲出来，学着儿子的声音问："爸爸，爸爸，咱家有辣条鸭脖小鸡腿，薯片凤爪养乐多，烤肠抹茶小蛋糕，虾条果冻冰激凌吗？"

我整个人凌乱了。

你看，人千万不要撒谎，你撒一个谎，就要用无数个谎去圆，三元两元哪里够啊，结账的时候，我发现花了一百多元。撒谎是要付出代价的。

2

我媳妇爱批发衣服的这个毛病还是没改，每次都是买一麻袋外贸尾单衣服，有一天，她笑着说："夫妻一场，有福同享，我给你也批发一些吧。"

我说："好。"

满怀期待，快递终于来了，扛来一大麻袋，然后媳妇开始一件一件的试衣服，折腾了半小时。终于轮到我了，心潮澎湃，换上上衣和裤子往镜子前一站，整个人无比青春亮眼，我准备试下一件，搞不好，会爱上镜子里的自己。

媳妇说："好了。"

我问："完了？"

媳妇说："嗯，完了。"

我问："就两件？"

媳妇笑着说："死磨硬泡，人家店主就送两件。快夸我，是不是省钱小能手？"

我说："你买 1000 多块钱的衣服，赠送我两件，合适吗？我们之间还有爱情吗？"

媳妇笑着说："话不能这么说，人均 500 多块呢。"

我笑着说："去你的人均！"

然后我从媳妇的一堆衣服里扒拉出来一件厚厚的面包服，欣喜若狂，我说："我要穿这件。"

可是无论我怎么努力，还是跟这件面包服没有缘分，你看，喜欢有什么用，人生就是这么艰难，并不是努力就有结果，我像是一只蹩脚的企鹅，等着春暖花开，到最后才知道，中年男人一胖，就没有春天了。

媳妇哈哈大笑。

可我也有自己倔强的小脾气，为了人均500块的幸福，我拼了。求一个三个月能减掉20斤的方法，很急，就三个月了，想在春天来临前，穿一件美美的面包服。

对婚姻“失望”了，感觉只有这件面包服能拯救我的尊严。

3

有一天下雨，领着儿子去楼下玩，他很迷恋跳泥坑，穿了小雨鞋和小雨衣，到楼下后发现常跟他一起玩的小女孩没穿雨衣，在毛毛细雨中跑着玩。

儿子就把小雨衣脱了，跟小女孩一起玩嗨了。

玩够了准备回家，我问他：“你这样很容易感冒的。”

他说：“×× 也没有穿雨衣。”

我说：“你可以把你的雨衣借给小姐姐穿啊！”

他说：“我要陪她在雨里一起跑。”

我说：“可是你会感冒啊！”

他说：“你不觉得她玩得很开心吗？”

我问：“你开心吗？”

他笑着说："超级开心。"

媳妇正好下楼拿快递，我问她："你是不是觉得下雨很浪漫？"

媳妇愣愣地看着我说："并没有。"

我说："你看，那毛茸茸的雨丝，多可爱！"

媳妇说："并没有！"

我一把夺过媳妇的伞收好，跑开，媳妇追上来，那一瞬间，她跑在毛茸茸的细雨中，很可爱！我知道，她会给我一个拥抱，感谢我陪她在雨中浪漫奔跑。婚姻就是这样，你得学会制造惊喜。我抱着她在雨里转圈，一圈又一圈，然后我媳妇微笑着站在我面前，踢了我屁股两脚。

儿子哈哈大笑，问我："爸爸，你玩得开心吗？"

我拿了快递回家躺在沙发上，有气无力地跟儿子说："完了，完了，爸爸感冒了，需要集齐两个亲亲，才能拯救。"

儿子亲了我一下，又喊道："妈妈，妈妈，爸爸还缺一个亲亲，你快点儿来！"

媳妇拿着拆开的快递说："快试一试，这件面包服合适吗？

我蹭的一下子从沙发上跳起来，开心不已，儿子懵懵的，他哪里懂得成年人的开心啊，我也是一个有面包服的男人了，这关乎我整个冬天的"尊严"。嗯，就靠它藏住啤酒肚了。

我穿上衣服，感觉衣服有点瘦，看来是衣服一路翻山过河，“累”瘦了。我尴尬地看着媳妇说：“有点小。”

媳妇笑着说：“你还有三个月的时间，不过，这次只减10斤就够了。”

你看，你以为你拥有了婚姻，可以放心愉快地胖，可是爱情只喜欢那个穿衣显瘦脱衣有肉的你。没办法，你想拥有的东西，每一件都值得你付出代价，因为得到的那一刻，心里是美滋滋的。

那一瞬间儿子突然教会我，人生的甜是从你做的那件小事让你心里美滋滋开始的，你不能因为害怕感冒，就放弃在雨中开心奔跑的机会；你不能因为害怕婚姻的琐碎，就不去制造甜蜜。记住，口袋里装着糖的小孩，运气一定是甜的。

首先，你自己要先有一块糖。

13

恋爱甜算什么，婚姻甜才硬气

你头顶上有一朵乌云，不期而遇的也许是一场雨，

也许后面躲着月亮，但它总会消失，不是吗？

1

其实，婚姻很麻烦。

每天都有一堆乱七八糟的琐碎事牵制着你，折磨着你，耗着你，你觉得努力赚钱养家糊口，两耳不闻窗外事就好了，不行，下班回家，锅要洗、碗要洗、地要拖，看什么都不顺眼，等有了孩子，整个世界就是一个超大字号还加粗的“麻烦”。

看到一句话，深以为然：恋爱之所以美好，是因为它把麻烦推给了婚姻。

婚姻就像一个存糖罐，你往里放往外拿，会很开心。可是，你总从里面拿结婚前储存的糖，糖罐空了，就会很失望。关键一点，

压垮婚姻的是糖不甜了。浪漫、甜蜜、温柔，好像结婚那天就被没收了，取而代之的是脾气越来越急越来越暴，久而久之，变成了一个情绪怪物。

婚姻没想象中那么甜了。

你记得最近一次婚后约会吗？你记得最近一次亲吻吗？你记得最近一次他让你少女心怦怦跳的那一刻吗？

你看，恋爱的日常是秀恩爱，婚姻的日常是锈恩爱，爱情这东西你不用也会生锈的，嫁给爱情没用，你得活成爱情的样子才行。我常常听恩爱的夫妻说，再忙也要约会，为什么约会？那是给婚姻的糖罐里放糖。

其实，你很清楚你的爱情出了什么问题，缺糖补糖，幸福和不幸都是一念之间的小决定，有的人月入 5000 元就很开心，有的人月入过万还焦虑，明白吗？

总是盯着更高的欲望看，脖子会酸会疼的，自我满足并不是一种很丧的情绪，反而是生活里很甜的小安慰，既然是你的人生，那就按照你的节奏去过好了。

米饭熟了就盖浇鱼香肉丝，汤面熟了就加红烧牛肉，吃不起榴梿比萨三文鱼刺身有什么好忧伤的，肉夹馍凉皮也能填饱肚子，继续努力呗，人生很长的，你一定会吃上藤椒鸡块、炭烤生蚝、麻辣小龙虾。

你必须把婚姻里的麻烦一个一个地解决掉，别假装看不见，就像手上的倒刺，有一天它会撕裂般的疼。

别攒坏情绪，别攒小抱怨，你没发现，结婚后你笑的次数都在慢慢减少吗？

2

日子必须甜起来了，你必须想办法让自己优秀，你曾是他万里挑一的小可爱，底子好，就别浪费了人生。

就算甘蔗很甜，不还是要一口一口的嚼出甜汁，就算蜂蜜很甜，大熊也是冒着被蜜蜂蜇的风险才能吃到呢，没有谁一下子就能把婚姻经营得很好，温故知新就好。

如果你曾对一场婚姻感到失望，那么仔细问自己下面这些问题。

第一个，我还要跟他过下去吗？

要过，那就好好过，找到婚姻出问题的原因，解决，不停地解决。你知道吗，一辈子很长，如果两个人没有爱情，只是为了白头偕老，那是又累又孤独。但凡两个人愿意改变，愿意找到恋爱的状态，日子一定会越来越好。

生活就是不停地暴露对方的缺点，不停地互换三观，最后形成统一战线的过程，你和他，都不可能永远符合对方的期待，只能寻找一个平衡点，你爱他，他刚好爱你。

婚姻才不是 0.5+0.5=1 的结合，它更多的是，你今天 0.2+0.8=1，他明天 0.3+0.7=1，很多人说这叫妥协，其实我更倾向这叫：你愿意为了爱情而变得更好一点。

第二个，我还开心吗？

我希望你积极正向地去看待你的爱人，有一天，他惹你生气了，你若假定他是无辜的，无意的，也许你的婚姻会变得可爱一些，没有谁是奔着要离婚去相处的。

其实，你很容易从生活里找到一点开心的小事儿，你还是那个买到街边小蛋糕就很开心的姑娘；你还是会因为一场短暂离别后的重逢心动不已的姑娘；你还是那个给加班的老公做好晚饭等他回家的姑娘。

希望你还有为生活的小惊喜而开心的小本事，婚姻其实挺难的，两个人身上都有很多看得见的或看不见的责任，做不到互相理解，那至少还是让对方开心的一个理由吧。

第三个，他还能让我变得更好吗？

我一直觉得婚姻是最好的增值期，因为你要跟一个人协同作战，你就必须优秀，否则很影响战斗力，所以生活会赶着让你变好。

微博私信里有个姑娘问我，没有面包的爱情能走多远？我回答说，可以一直走到有面包。

你仔细想想这年头缺的是面包吗？缺的是爱情啊！碰到一个喜欢的人，我觉得你会找到无数种办法一起走下去。我身边的很多朋友，大多数结婚后日子会越过越好，为什么？因为日子过的有劲头，能跟喜欢的人共谋宏图大业，那该有多开心啊！好的爱情，一定是让两个人互相滋润，茁壮成长。

第四个，我做好失去他的准备了吗？

你确实累了，确实无力挽回了，确实被消耗殆尽了，不如就放过自己吧！别为了任何人跟一个不爱的人在一起，也别为了面子跟一个不爱的人在一起。我知道，你很甜，但是你也只够甜一杯水，别指望去甜一条江河。

婚姻不是一下子变坏的，我建议你常常看一下你的糖罐，里面还有多少糖，如果你是小馋猫总想拿一块吃，没事的，可是你也要记得有糖的时候往里面放。如果糖有点少了，那就忍一忍，攒一攒再吃，千万别把糖吃光了才想起我应该去赚一块糖。

别怕婚姻有麻烦，一起解决麻烦也是兑换糖的一种方式，你头顶上有一朵乌云，不期而遇的也许是一场雨，也许后面躲着月亮，但它总会消失，不是吗？

14

爱情不会出问题，是我们出了问题

别着急分手，

两个人在一起的力量一定大于等于 2。

1

老郭不喜欢吃鱼，他女朋友喜欢吃鱼，然后，他们分手了。分手后，老郭开始研究鱼，尤其是前女友最爱吃的烤鱼。

后来老郭在延安三路和台东八路的交叉路口开了一家烤鱼餐厅，叫大鱼等于二，他请我去吃，我问他："这个店名，有什么寓意吗？"

老郭说："大鱼等于二，就是一条鱼适合两个人吃，套餐价格 199 元，你要是一对情侣，结账前签了"不分手协议"，套餐价格 99 元，两年之内不准分手，如果分手就要双倍补偿我，一人给我 100 块。当然，你也可以不参与这个游戏，完全自愿。"

我问他："你怎么知道人家一年后有没有分手？"

老郭笑着说："签协议的时候留电话，我定期电话回访。其实，我想告诉他们恋爱要有所敬畏，要有仪式感，你心里惦念这么一个事儿，你说过不分手，要说到做到。"

我说："你还爱着她？"

老郭低着头说："她以前总是让我做这做那，她说对以后好，我很烦。她买了一个漂亮的头花，我问她干吗买没用的东西，她笑着说，便宜啊！她买过无数在我看来没用又占地方的东西，后来，我们分手，她搬家走的时候，东西装满了卡车。她有一个小本子忘记拿了，你知道上面记了什么吗？从我们恋爱那天开始，她就计划要嫁给我了。"

我问："前段时间，你托很多朋友拍一个微店里看上去没用的东西，那个店铺应该是大喜的店铺吧。"

老郭说："搞笑吧！她爱你的时候，你觉得她幼稚，她不爱你了，你却用幼稚的办法去爱她。你觉得爱情痒了，亲手拿起刀捅下去，好了，现在不痒了，开心了吧。有一天，我回家很晚，楼道里的灯坏了，我突然想起来，她告诉我很多次让我去修都没修，分手了，我才把那个灯修好了。分手了，我才换掉了坏冰箱。分手了，我才修好了浴室里滴水的喷头。分手了，我才后悔没好好爱她，让她以为爱情是这么糟糕的。"

我问：“后来，为什么不去找她？”

老郭说：“可笑的自尊吧！我想把所有糟糕的东西都修好，然后再迎娶她回家。”

2

老郭跟大喜恋爱那会儿，多可爱啊！

大喜喜欢吃烤鱼，可是老郭不喜欢吃鱼，他就点两份小菜，老醋花生和糖拌西红柿，笑着跟大喜说：“你看，你看，一生一柿。”

大喜笑着问：“你会爱我一生一世吗？”

老郭说：“你呢？”

大喜想了想说：“我只会爱到你不爱我为止。”

老郭说：“那你得努力啊，算命先生说我能活到九十九。”

大喜笑了笑：“你是不是傻，你什么时候算的，准不准？”

老郭笑着说：“绝对准啊，小时候，电脑算命，科学吧，你往机器上一站，输入出生年月日，就给你打印出来一张命运提示。”

那天吃完饭，大喜说：“我们走回家吧。”

然后大喜一直低着头，再也没有说话，老郭问：“你今天是不是有什么不开心的事儿？”

大喜没有说话。

走了很长的一段路，大喜突然开心地跳起来说：“你快抱抱我。”

老郭一愣。

大喜笑得像个小孩，说："饭后百步走，活到九十九。我不能再走了，活到一百岁，就得多爱你一年，你都不在了，我还爱着你，那多累啊！"

老郭说："所以，我得现在背你回家？"

大喜说："对啊对啊，我得多省点力气，这样才可以爱你爱到九十九。"

3

我问大喜："你还爱着老郭吗？"

大喜说："搬家走的那一天，我在卡车上问了自己一个问题，我这辈子除了嫁给老郭，就没事可干了吗？我总觉得他应该这样，他应该那样，他变成了我想象中的那个样子。可是，那不是老郭，其实我们都在爱情里迷失了，你在爱情里最迷人的样子，就是你自己的样子，不是对方希望你成为的样子。"

那天，大喜去了老郭的烤鱼店，她笑着问："你们这里有一生一柿吗？"

老郭愣了愣。

大喜指着桌子上的"不分手"宣传单页，笑着问："这个活动长期有效吗？"

老郭点了点头，问："自己一个人？"

大喜笑着说：“两个人，我在等他。”

老郭心里有那么一点难过，还是笑着说：“你来，免单，我请你们吃。”

大喜笑着说：“你也是开门做生意，我哪能来蹭吃，要不我就去其他家吃了。在这吃，我老公一会儿会来买单。”

老郭问：“你结婚了？”

大喜说：“快了，在准备。”

老郭说：“那——那——恭喜你啊，今天这顿烤鱼我请你们吧。”

大喜看着桌子上的菜单，菜单上附加着“不分手协议”，点完菜，愿意参与活动，签名就好，大喜指着菜单问：“在这个地方签名吗？”

老郭点点头，思绪万千。

大喜笑着签完了名字，看着老郭，老郭看着大喜。

大喜笑着说：“愣着干啥，签名啊！”

老郭问：“什么意思？”

大喜说：“这不是你自己定的规则吗？情侣才可以吃，签了‘不分手协议’，两年内不能分手。”

老郭突然眼圈红红的。

大喜说：“你是不是傻，偷着买我微店的东西，你好歹换一个我不知道的收货地址啊。我说了八百遍，你就是不听，多吃鱼，多吃鱼，这样就会变聪明。吃完这顿鱼，我要减肥了，去年买的那件婚纱我穿不上了。”

老郭笑着说：“你这是要结婚的节奏吗？”

大喜笑着说：“我掐指一算，你从我微店买了那么多结婚的小物件，应该是要结婚了，可是你缺一个新娘啊，我就来了。”

爱情不会出问题，是我们出了问题。别着急分手，两个人在一起的力量一定大于等于二。

15

如果打算继续婚姻的旅程，那就趁早把鞋里的石子清理掉

跟对的人在一起，说再多的废话，都会在时间里变成情话，

每回忆一次，就甜一次，相爱就是温故知新吧！

1

我问过一些结婚10年以上的朋友，婚姻“痒”的那一年，都做了什么?

老吕说，没痒过。

我笑着说，你骗人，谁家的婚姻不痒啊！

老吕很认真地问我：“你还记得当初你怎么追的你老婆吗？”

我说：“记得。”

老吕说：“记住那种感觉，只要做不好就会失去她，所以你不会辜负跟她过的每一天，懂吗？一个人在一个岗位上，没有被裁的危险，他难免会混日子。婚姻‘痒’，是因为总是觉得我这辈子吃定你

了，这是瞎扯好吧，你不努力去爱，离婚比结婚简单多了，不用摆酒席不用请婚庆不用拍婚纱照。拥有一个人要耗尽一辈子的力气，失去一个人只要撒手就行。”

同样的问题，我问过梅姐，梅姐笑着说：“女人得压得住自己的场子。”

我不解。

梅姐说，你看世界杯吧！前锋再厉害，守门员压不住场子，还是会输。婚姻你不能总是打进攻战，太消耗体力，你得会防守，打的就是夫妻配合，老公辛苦冲锋赚钱养家，那你就守好后院不起火。若是你愿意做女强人在商场厮杀，那么回家就卸下铠甲当个小女人。什么叫夫妻，就是生活一记利剑过来，你敢替他挡。所以，我很清楚我老公有苦一定找我诉说，而不是找其他姑娘讲，他敢掏心掏肺，是因为我会补。你懂那种被信任的感觉吗？婚姻要的就是这种感觉。

2

我问过一些结婚 5 年以上的朋友，婚姻里最甜的一件小事儿，是什么？

华哥说，回家吃饭。

我跟我老婆有一件很默契小事儿，就是谁先下班回家，谁就从楼下的超市买几样菜，然后做饭，等另一个人回家。

谁有了开心的小事儿，就给对方买点东西庆祝一下，我知道她爱吃红烧猪蹄，她知道我爱喝点啤酒。

孩子富养，老婆也得富养。其实，她不在乎吃什么穿什么用什么。老婆长发，她嫌带孩子打理起来麻烦，要去剪成短发，我知道她喜欢长发，然后我买了一个折叠躺椅，不贵。我说，你想洗头发告诉我一声，你躺着我给你洗，Kevin 老师洗剪吹很专业的。

她骂我买这破玩意没用，可是躺下洗头发的时候，还是开心得跟个孩子似的。

你给全职太太最好的礼物，大概就是下班早点回家。你给她做顿饭，打扫一下家里的卫生，甚至你夸她一句，她都觉得很浪漫。婚姻里没那么多惊天动地的大事儿，就是一些平淡的小事儿，你不让老婆委屈，那么生活也不会委屈你。

悠悠说，躺沙发上聊天，说一大堆的废话。有时候，会一起回忆谈恋爱时有趣的小事儿。

一开始我们异地恋，约会时打算看场电影，结果他买错电影票，买成了第二天的场次。我问他，你怎么这么马虎，他笑着说，我想多跟你待一天。我也是傻，舍不得浪费一张电影票，就傻乎乎地多跟他待一天。

我们恋爱的时候，如果吵架，他生闷气不理我，我就拿着他最爱喝的奶茶，把塑料吸管戳在他嘴边，他忍着，忍着，后来忍不住，他就喝了，很严肃地说："吵架就吵架，不准搬救兵。"

这些年，对婚姻意义的理解大概就是，你跟对的人在一起，说再多的废话，都会在时间里变成情话，每回忆一次，就甜一次，相爱就是温故知新吧！

3

我问过一些新婚的朋友，为什么结婚？

晴晴说，因为相互喜欢。

做什么，去哪里，吃什么，都不重要，跟他在一起，就好。你不觉得，有些人跟你就是百搭吗？他吃包子皮，你吃馅儿；他涮麻辣，你涮清汤；他吃蛋黄，你吃蛋清；他上九天揽月，你竖梯子；你下五洋捉鳖，他撑开网。

就是喜欢跟他在一起，所以结婚啊！

大宝说，因为彼此合适。

我一直觉得，婚姻是两个强者的风花雪月，不是两个弱者的苦大仇深。不合适的人在一起就是互相折磨，颜值不匹配就得拿别的来找补，财力不匹配还是得找补，但凡不是两情相悦，一个人就得妥协，可是婚姻不是靠委屈撑大的。

你可以喊着嫁给爱情，但是生活会重新教你做人。爱是基础，但不是生活的全部，经济基础决定上层建筑，我们不能把日子过成不食人间烟火的偶像剧，多赚钱，对你，对爱情，都有意义。

你在婚姻里缺一次钱，你就知道了。

4

如果不是凑合结婚，那么时间是用什么方式把你最爱的人变成了错的人？

是忽视。

一个人忽视另一个人的爱和付出。

我发现那些婚姻愈久的人愈没有忘记一件事儿，就是去爱对方，大事小事都爱。

有时候，你反省一下，家里厨房使用的次数，沙发使用的次数，你跟爱人面对面吃饭的次数，接吻的次数，替对方解忧的次数，就很清楚你的爱情还剩下多少温度了。如果生活只是从爱情里取暖，而忘记了给爱情加温，最后，爱情就凉凉了。

换一个人结婚，婚姻就会好吗？

可是，你当初说你嫁给了爱情啊！

你应该听说过，让你疲惫的从来不是路途遥远，而是鞋里的那一粒硌脚的小石子，如果你仍打算继续婚姻的旅程，趁早把鞋里的那粒小石子清理掉。

我爱你，真的是一辈子的事儿，一天不相爱，没人看得出，一周不相爱，吵架又动粗，一个月不相爱，婚姻输了哭。你可以骗过邻居，可以骗过时间，你骗不过自己的心。

我记得你结婚的那天说过我愿意，那可是要一生一世的。

16

生活总是爱欺负那些不相爱的情侣

没有化解不了的吵架，一大袋子零食就可以一笑泯恩仇，

不行，就两袋子。

1

我居然结婚 3 年了。

这几年我胖了 20 斤，喝啤酒知道放枸杞了，逛菜市场知道要赠送的小香菜了，唯一没变的是媳妇还是很惯着我，愿意满足我各种无厘头的要求。

有一天，我食欲不振，媳妇问我，想吃啥？

我思考了一下，说，想吃绿皮火车上的那种泡面。

媳妇说，行。

我说，要加一个卤蛋。

媳妇说，行。

我说，还要加一根火腿肠。

媳妇说，行。

然后，我们打车直接去了火车站，上了一趟发车时间最近的Z字头的火车，火车启动后，媳妇从背包里拿出一碗桶面，撕开包装，然后放进卤蛋、火腿肠。正好是赶上午餐时间，没吃饭赶火车的人很多，等着接热水泡面的人也很多。

我抱着泡面去排队。

等接完水回到座位上，媳妇说："马上要到站了。"

因为原本计划一站足够吃完一碗面。可是，世事难料。

我说："面还没泡熟怎么办？"

我看看手机上的时间，又看看眼前的泡面，我可不想狼吞虎咽地吃完，那样会辜负了这碗泡面，泡得半生不熟的面是没有灵魂的，就算你吃完了，也只是得到了它的"面"，没有得到它的"心"。

媳妇问："要不要续一站？"

我说："好。"

我拿着身份证去补票，穿过了几节车厢去找列车员补票，我突然想，以我媳妇的吃货定力，守着一碗泡面，而且是加了卤蛋和火腿肠的豪华版，等我补完票，估计连桶都没了吧！

我补完票，回到座位，桌子上碗还在，我正准备开吃，媳妇突然说："你先别吃，我跟你说件事儿。"

我说："好。"

媳妇说："你有没有发现，所有失去的东西，后来都会换一种形式回到你的生活里，你春天种下的种子，秋天成了麦浪，你抛进河道的石头变成了水花；你点的麻辣小龙虾，换了一个开心的晚上。古人说的'种瓜得瓜，种豆得豆'是对的，世上所有因果都有福报。"

我问：" 所以呢？"

媳妇说："你去补票的时候，'种'了一碗泡面。"

隐约中我有一种不祥的预感，笑得很紧张地问："那我到底得到了什么？"

媳妇瞅了瞅旁边没人关注，突然偷偷在我脸上亲了一下，笑着问："开不开心？"

我打开泡面的碗，里面只有一个小牛肉粒，我说："所以，这就是你把我的面吃了的原因？"

媳妇问："你不觉得这个牛肉粒很可爱吗？"

我难过得不想说话。

媳妇弱弱地问："要不要再续一站？我重新给你泡一碗？"

我掏出车票递给媳妇，她看了一眼，问："这是要去济南吗？"

我笑着说："惊不惊喜？这碗面，我今天吃定了。"

果然，还是我技高一筹，这些年的婚姻，斗智斗勇啊！

我太了解我媳妇了，她开心的时候，用榴梿酥哄；她不开心的时候，用草莓蛋糕卷哄，我家常备的“灭火器”是冰箱里的黄桃酸奶、抹茶冰激凌和吸吸果冻。

没有化解不了的吵架，一大袋子零食就可以一笑泯恩仇，不行，就两袋子。

别人的媳妇灵魂里住着可爱的小精灵，我媳妇的灵魂里住着一只饿灵。

2

很长一段时间，媳妇一直忙着教儿子英语，但是她的词汇量少得可怜，为了保证自己出口成章，她把书房卧室厨房洗手间都贴满了写着英语对话和单词的纸条，比如冰箱里的西红柿上贴了一个tomato，洗手间的镜子上贴了一个mirror。

我问：“你这样真的管用吗？”

媳妇小手一抬，“啪”在我头上贴了一个husband。她笑着说：“Yes，my husband.”

媳妇为了执行她的英语提高计划，创造英语交流的环境，规定在家里必须有1小时我们只能说英语，谁说中文谁就算输，要做饭要打扫卫生，或满足对方一个愿望。

这个方法真的很棒，坚持了一段时间后，我跟媳妇都学会手语比划和眼神交流了，对，相当于我们家每天要玩一小时的一个比划一个猜，简直不要太刺激哦。

英语学的不咋地，但是家庭氛围却出其地好，果然像我媳妇说的那样，你失去一样东西，一定会换一种形式回来。

可能婚姻如此吧，你无法阻止生活的每一次刁难，可是你仍能从每一次刁难里找到那么一点小开心：葱油面里也能发现小肉丁，菜煎饼里也能发现鸡柳，苦咖啡搅拌一下也许就会碰到方糖，其实，你也不知道哪一次刁难里藏着彩蛋。

婚姻好玩得很啊！

结婚这 3 年，我觉得对婚姻最有用的两件事儿，一个是好好说话，一个是默契配合。

一件事儿无论好坏，有无数种结局，故事的走向都在你张嘴说的第一句话时就定了调子，你带着责问、抱怨、批评，那么收回的一定是夏天的疾风暴雨，夫妻一场，干吗句句带刺招招制敌，你们是要一起去远方的人。

无论结婚多少年，还是要好好学习去爱对方，值得你开心的小事儿有很多，别丢了芝麻捡西瓜，西瓜你抱不动就是麻烦。如果心里有火，那就支个烧烤架；如果心里有气，那就买几个气球，吃着烤肉放气球，好像也很浪漫呢。谁都不可能一辈子心平气和，其实你完全可以做到自己消化负面情绪，都是成年人了，不要总要小孩子脾气。

少说气话多接吻。

心往一处想，劲往一处使，日子很甜的。

生活总是爱欺负那些不相爱的情侣，对于相爱的，它真的是一点办法都没有。

17

最难的不是遇见对的人，而是如何放弃错的人

春风有杨柳岸，秋风有稻麦田，你我夏冬相见，冷暖自知。

愿你一生欢喜，两情相悦，放在心上人身上。

1

我第一次听一个姑娘讲，喜欢应该有仪式感，你必须给喜欢设一个保质期，过期作废，但凡一厢情愿就会点到为止，要是强求，那份喜欢就变味了。

那个姑娘叫林清欢。

她说，喜欢是有保质期的，鸭舌七上八下涮 15 秒就够鲜，提拉米苏的最佳赏味期只有一天，今天的香辣蟹和小龙虾不能明天见，所以，你懂不懂礼尚往来？

我说我喜欢你的时候你得亲我啊！不然截止日期一到，你会难过的。

她说，我不可能一直等你的，你知道的，牛肉浇头不等清汤面，炸酱就来博新欢；烤馍不等小卤肉，卤蛋也能填满心田；你说的麻辣香锅缺个蟹棒鱼丸，照样下饭。我不可能让你一直住在我心里的，你又不交物业费。以后啊，我要把喜欢给别人了。

她说，要是以后，有个女生像我这般喜欢你，你一定要娶她啊！像我，为什么不是我？

其实，爱而不得，付出没有回报，是感情里常有的事儿，你啊，偏不信，总觉得努力去感动他就会在一起，你哪是爱情的对手，你从心里掏啊掏啊，都给他，上了赌桌的人，没有一个想空手而归的。

我曾经不止一次劝你，别把爱情活成你的全部，可是，你偏不听，你总说来世间一趟，一定要独宠所爱之人，哪怕伤筋动骨。

你就是傻啊，风走是要带走花香的，云来是要带一场急雨的，哪有凭白无故的我爱你，不过都想一报换一报，倒是你，干吗去爱那个不爱你的人，收手多好。其实白昼不长，纵马就能游走四方；其实黑夜不短，干吗思念豪赌情郎。

你也长点心，别在不爱你的人身上耗着，也别仗着别人喜欢你就肆无忌惮，若不喜欢就直说，别让人家误会，毕竟谁的喜欢也不是大风刮来的。

其实，春风有杨柳岸，秋风有稻麦田，你我夏冬相见，冷暖自知。没有压不灭的心头火，甜筒来一个；也没有暖不了的心上冰，二锅头来一杯，愿你一生欢喜，两情相悦，放在心上人身上。

2

我问林清欢，你真的能做到，喜欢他，截至6月30日？

她说，哪有那么容易放下一个喜欢的人，我只是告诉自己该死心了，就像没在保质期内吃完的牛奶面包，就得扔掉，已经试过所有办法了，他就是不喜欢我，又有什么办法？爱情有限，不能耗在不可能的人身上。

我问她，遗憾吗？

她说，我准备了很多喜剧片，准备在我们无聊的时候看；我学会了至少10道川菜，在夏日的晚上配着啤酒；我会织毛衣，就差一个下雪的冬天；我手绘了蜜月旅行地图，他说喜欢风，我想过以后买一所房子，南北通透。我其实计划了很长的一生，唯独没想过他不喜欢我。我遗憾的是怕爱情开局不利，已经把所有欢喜耗完，有一天，有一个人笑着向我走来，他问，你要不要去看麦田里的风？我没有力气跟他去看了。所以，现在他不喜欢我，我不怪他，但是我得先走一步了，因为往后，越陷越深，他又不拉我一把。

其实，你明知道不可能，只是不甘心，你问自己，我到底哪里不好，他为什么不喜欢我？

喜欢，是讲感觉的，不是你运气不好，你能撩动的都是喜欢你的人。

你去撩不喜欢你的人，跟徒手开榴梿有什么区别。感情里哪有什么例外之人，谁都尝过苦。

喜欢真的该有仪式感，告别错的才会跟对的相逢。你不该为一朵雪花留在冬天，四季会轮回，有缘再见，往前走，春天会有海棠花开，夏天会有荷塘月色，秋天会有十里桂香，一开始你爱上的那个人光芒四射，那不过是你眼里的光落在他身上的样子，总是在长夜走路的孩子，很容易爱上第一眼看到的萤火虫。

别怕岁月漫长，你收起的青纱帐总有人会重新展开，陪你慢数星光。

谈恋爱，最难的不是遇见对的人，而是如何放弃错的人。

其实，你不必攒够失望才离开，你看，那些过了保质期就下架的凤梨罐头，那些橱窗里很漂亮却没被带走的蛋糕，那些说了给爱情最后一次机会的姑娘，明明知道很心疼，但时间来清场的那一天，从来不说抱歉。

别纵容自己去喜欢不爱你的人，你没那么多时间被荒废。

18

爱情可以迟到，但是绝不会缺席

我们很难一眼就看透一个人，有勇气去选择跟一个人过一辈子，

最后所有的感情，都得靠自己去经营，而最好的方式就是去表达爱。

1

我认识一个凑合结婚的姑娘，叫大彤。她和先生相亲认识，被催婚烦透的俩人一拍即合，领证了，那时候，他们才见了三次面，结婚请柬发出来，连介绍他们认识的朋友都吓了一跳。

朋友问，你俩一见钟情?

姑娘说，我们刚好都需要一场婚姻，就像来了一场及时雨，便利店有 10 块钱一把的伞，我们都不愿意站在便利店等雨停，刚好顺路，于是他出 5 块我出 5 块，共享一把雨伞。

第一次相亲见面后，姑娘给我发了一条信息，说了很多关于自己的故事，到最后她说了一句很丧的话：真想随便结个婚算了。

我说，就算是随便结婚，我觉得也应该考虑清楚以下几个问题：第一，你的身体讨不讨厌他？第二，他说话的时候你愿意听吗？第三，你能容忍他的一些缺点吗？即使容忍一辈子也没关系吗？第四，如果他一辈子都不会爱上你，你会无所谓吗？

第二次相亲见面后，姑娘给我发了一条信息，她问：一辈子没爱过别人也没被别人爱过，是不是很可怜？

我说，有些人努力赚钱提高生活质量，敢拼敢输，从不妥协将就，他们敢以“孤独终老”的阵仗去等一个真爱。你敢吗？无论怎样，在时间的长河里自我成长更重要，也许你会碰到一叶扁舟，也许你会碰到一艘渔船，也许你会碰到豪华游艇，但是你得会游泳，长河茫茫不知去往何方，有人逆流而上，有人顺流而下，那都是人生，你不能白来一趟。

第三次见面，男生问了她一个问题，如果有一天，我们其中一个人遇到了喜欢的人，另一个人会主动退出吗？

大彤问，你怎么想的？

男生说，我尊重你的意见。

大彤想了想说，这样吧，我提个建议，我们结婚 3 年后，找一个双方父母都能接受的理由离婚吧，至少 3 年内没人干涉我们的生活，努力工作也好，遇见爱情也好，反正现在你我都需要这么一段独立时间大于需要一段婚姻。

男生说，好，成交。

2

我一直很好奇一件事儿，维系婚姻关系到底靠什么？钱、性、爱，抑或是忠诚、妥协、包容？

对于大彤夫妇来说，他们什么都没有，可是，他俩结婚一年零八个月的时候，大彤在朋友圈晒了一张B超图，开心地说："都准备好大红包，我家宝贝要出生了。"

那个时候她怀孕6个月，整个人的状态超级好，辞职在家养胎，她还经常在朋友圈晒自己烤的饼干、种的多肉植物、看的一大堆关于怎么教育孩子的书。

我很惊讶地问她："你俩到底发生了什么？"

她回了一个偷笑的表情，然后是一句：发生了爱情。

我说："你俩是婚后才开始谈恋爱的？"

她说："对啊，有一天我路过一家男装店，看到一条领带很漂亮，就突然觉得我老公扎上肯定很帅，于是就买了。然后我给他扎领带时，他很小心地问我：'我能不能亲你一下？'他说：'我从小到大没亲过女生，不知道是什么感觉。'然后他亲了我额头一下。我笑着问他：'很失望吧？'他突然很认真地说：'我不知道是不是喜欢上你了，有时候不见你，还挺想你的。'我笑着说：'我是你老婆唉，你想我，不挺正常的吗？'"

我问大彤：“你怎么突然想起给你老公买领带了？”

她说：“也不是突然，就是我过生日那天，晚上他正好要出差，中午他跑到我上班的地方，拿出一个很小的蛋糕，点了一根蜡烛让我许愿，还给我唱生日歌。有一天下大雨，我从小就怕打雷，他刚好在加班，我给他发了一条信息说自己怕打雷，然后他就回家了。第二天早上，我给他做早餐，他说很好吃。好像就是这种琐碎的小事儿把我们两个人慢慢地连在一起，然后心里就有对方了。”

我问大彤：“你们也会吵架吗？”

大彤说：“吵啊！不过，已经不记得为什么吵架了。反正有一次把我老公气坏了，他嘟着嘴不知道怎么反驳，最后冒出来一句，你我都退一步，3 年很快就过去了。我当时愣了，其实我不该介入他的生活，说好彼此有独立空间的，可能那时候我带入了妻子的角色，我拿他当我丈夫了。可是，他拿我当室友。我们原本可以‘合租’3 年，最后好聚好散，可是，我先动心了。”

我问：“你老公什么时候爱上你的？”

大彤说：“他说第一次相亲的时候不清楚是不是动心了，于是隔了一段时间又约，还是喜欢跟我坐在一起，第三次约会的时候，他试探结婚的事，我就同意了，我那时候就想随便找个不讨厌的人结婚就行。他说，一个女孩子总可以找到一个理由拒绝约会，我那时候没有拒绝她，既然你敢赴约，那我们凭什么要错过？”

3

后来我想通了一件事儿，婚姻关系靠什么维护？不是爱，是爱如何表达。

你说，大彤是幸运的吗？

我们很难一眼就看透一个人，有勇气去选择跟一个人过一辈子，最后所有的感情，都得靠自己去经营，而最好的方式就是去表达爱。

在过去的很长一段时间，大彤也在用各种方式表达她爱着她的老公，她说，下雨天去给他送伞，其实是自己害怕打雷。

她说，给他做早餐，其实是自己做多了。

明明心里有爱，嘴上却死不承认，其实，你也不知道是哪一天，他就住在了你心里。

为什么后来大多数所谓凑合的婚姻，都不欢而散了？

是因为双方压根就没把婚姻当成一回事儿，凑合过吧，反正一开始遇见的不是对的人，走哪算哪儿吧。

你在婚姻里走一步看一步，态度不端正，早晚就会吃婚姻的亏，反之，你下定决心要把日子过好，不去浪费别人的人生，那么，别人也不会浪费你的人生。

希望你永远别凑合混日子，爱情可以迟到，但是绝不会缺席。

19

认输没用，你得反击

一切都会过去，我们都要好好的。

别总跟自己许愿，有本事给自己实现一个乐呵乐呵。

1

有个读者问我：你曾经有被现实打败过吗？

我说，没有，但是经常被现实打趴下，有时候，我就趴一会儿；有时候，我就站起来继续。有老婆孩子了，就得皮糙肉厚还扛揍，生活从不手软的。

是啊，人生就是大起大落落落落落落落，现实就是苦苦苦苦苦苦苦尽甘来。谁还没有熬不下去的那一刻呢，能与人说的苦十之一二，人类的悲喜并不相通，你还是得自己安慰自己。

熬过去，一切都会好的。

当然了，这句话说出来一点也不轻松。

2

你说，熬过异地恋，我们就永远在一起。

私信里，姑娘说，我有 108 张车票，酷不酷，我最好的青春啊，要是这些车票钱当初都买好吃的，应该不至于发育不良吧。

你省掉无数饭钱去看的那个心上人，最后还不是娶了别人，找谁说理去。你在偷偷计划下一次见面给他什么惊喜，他却在犹豫分手怎么说才显得爱过。

我发烧 39 度在医院挂点滴，他说公司加班开会。我想撒娇，最后却憋着所有委屈，他问我怎么了，我自己举着点滴瓶子去找护士换下一瓶，我说，中了“再来一瓶”。

分手后，我问自己，我可以一个人吃饭、一个人看电影、一个人吃火锅，我干吗谈异地恋，省下钱，可以一个人想吃啥吃啥，一个人看 3D 电影一个人吃鸳鸯火锅。他说他爱我，我就屁颠屁颠地跋山涉水去看他；他说不爱我了，我攥着一大把车票，像个傻乎乎的票贩子等不到买家，你看，你看，爱情砸手里了吧。

以后谁劝我异地恋，我甩他一脸车票，呼醒他。

3

你说，熬过失恋，就会嫁给爱情。

私信里，姑娘说，失恋嘛，有什么大不了的。可是，我真的做不到不去想他、不去想从前、不去想他说的那些话，一到晚上就矫情地哭。

其实我的戏早杀青了，我幼稚啊，不忍离开片场，总以为导演会给我安排个客串。我为了一个路人甲的角色花了一年时间才知道，他确实不爱我了，他都结婚了。

想起一句诗，“你在婚礼上，使用红筷子，我到向阳坡，栽下两行竹”，真是心疼自己啊！

我把以前他送我的东西收拾到一个大箱子里，搬到楼下扔了，真沉，那么重的东西，说不要就不要了。对啊，我一百多斤，他不是说不要就抛弃了吗？

时间也够绝情的，它把你所有曾经视若生命的东西，变得不重要了。

捡废品的大妈问，都不要了？

我点点头。

大妈开心地笑着说，给我吧。

她笑起来是真好看啊，早知道这些让你流泪的东西可以换一个陌生人的笑，我早就换了。

现在，不是不相信爱情了，而是以前吃不惯的东西不吃了，学会挑食了。

4

你说，熬过没钱的日子，就可以享福了。

私信里，男生说，再等等，我真的能买得起房子。

可是，她爸爸妈妈不愿意等我去求婚。她结婚那天，我穿得很帅，包了一个 10 万元的红包，我其实就是想让她爸爸妈妈知道，我有能力给她幸福。到了婚宴门口，我盯着她穿婚纱的样子，看了又看，最后我放下红包，溜走了，因为我还深爱她，我不想让她难堪。

那个 10 万元的红包是我能给她的最后一份爱，希望她幸福吧，打心底祝福她，毕竟我曾经让她受过苦，她亦曾天真地信过我会爱她一生一世。

赚到钱以前，我再也不会轻易说爱了，再喜欢谁，也会藏在心底，我知道表白的责任，也算是一种成长吧。你想留在生命里的东西，那都是靠本事拼回来的，我的爱情不是输给了房子，就算是我赤手空拳的拿来，也未必能守得住，婚姻不是过家家，不会有情饮水饱。

“我会对你一辈子好”这话自己说着都心虚，凭什么让别人相信呢？又拿什么对人家好。

5

生活很苦，但是别丧了，认输没用，你得反击。

你说，我做事总是三分钟热度。可是你知道3分钟乘以365天是什么样子吗？

你说，我相信爱情，但是不相信会发生在我身上。可你都没有努力去追过喜欢的人，爱情凭什么发生？

你说，我收入低。扪心自问，你为了提高收入做过哪些努力？

你那么看轻自己，那么现实踩你一脚，你凭什么抱怨，是你先跟生活要赖皮的，它凭什么善待你，你大可一颓到底。但是，那真的是你要的人生吗？别人只是嘴上丧丧，背后愿意为目标吃了无数的苦，你倒好，跟着一起丧，还自嗨了。

你总是夜深人静踌躇满志，第二天醒来继续丧得理直气壮。

这个世界很现实的，只有努力想优秀的人，才有机会遇见自己喜欢的人，过上自己想要的生活。其他人只能凑合过个普通的人生，然后安慰自己平平淡淡才是真，别说嫁给爱情了，就这股子丧劲，有个婚结就不错了，还要啥自行车。

你本来有机会去改变这一切现状的，可惜，你懒。

我们都会在一场场烦恼里成长，找到跟生活对峙的方法。逃避看上去很爽，但是没用，你迟早得把肉身磨成铠甲，你会哭，说生活虐得你喘不过气，你也会一拳放倒生活，开心地笑。那个异地恋的姑娘还是会勇往直前地去爱，那个失恋的姑娘会在下一场爱情里被宠得很甜，那个赤贫青年终于攒够了娶心爱姑娘的信心。

你看，现实想打败你，也没那么容易。

一切都会过去，我们都要好好的。

别总跟自己许愿，有本事给自己实现一个乐呵乐呵。

20

相爱没有那么容易，每个人都有他的脾气

婚姻到最后，拼的就是谁更爱谁多一点。

你用心给婚姻点的每一个赞，最后都会兑换成开心。

1

前两天吃饭的时候，媳妇很严肃地说，跟你商量一件事儿。

通常我们家的事儿，都是媳妇说了算，大到什么时候买房，小到她给我买 9 块 9 包邮的帽子。不可能商量的，这辈子都不可能的。每一个决定里，我的建议，怎么说呢，也就是增加一下丰富性和多元化。

我说，你等一会儿。然后我端起一杯水，笑着说：“我先喝一口水，你说吧，要是惊着我了，一口凉白开喷你一脸。”我喝了一口水，两腮鼓鼓的，像条可爱的金鱼，笑着看着我媳妇，感觉自己很机智，一下子就阻止了媳妇的阴谋。

媳妇笑着说："中午，你哄儿子睡觉。"

嗯，我放心了，然后把水咽下去了。

媳妇笑着说："看把你吓的，我还能跟你商量啥事儿，买房？你又没钱。"

我笑着说："就是嘛，还能是商量买房咋的。"

媳妇笑着，很认真地说："嗯，买房。"

我说："你再说一遍。"然后我又喝了一口水，两腮鼓鼓的，笑着看着我媳妇。

媳妇说："逗你呢。"

嗯，我放心了，然后把水咽下去了。

媳妇问："要不咱买辆车？"

我说："可以啊，反正你开，你决定就行，我又没有驾照。"

媳妇说："我想买个贵点的车。"

我笑着说："你再说一遍。"然后我又喝了一口水，两腮鼓鼓的，笑着看着我媳妇。

媳妇说："逗你呢，家用代步就行。"

嗯，我放心了，然后把水咽下去了。

媳妇眼睁睁地看着我，把一杯水喝到见底。

她笑着说："要不，咱们买一辆房车吧？"

我打了一个"漂亮的"饱嗝，嗝……

媳妇说："我就知道你肯定会同意的，好了，你去哄儿子睡觉吧，我去挑车了。"

我望着空空的水杯，那一瞬间居然有点难过。想起以前，我们有一个梦想，买一辆房车，车由北开向南，我一边写故事，一边带着我家大金毛和儿子，领着我媳妇去吃她喜欢的一切，她是一个碰到好吃的食物就两眼冒金光的姑娘。

可是生活。可是生活早就淹没了梦想，只剩下了想一想，连梦都不算了。

过了一会儿，我媳妇拿着手机，笑着跟我说："看了一圈房车，我发现……"

我问："发现你喜欢的了？"

媳妇说："发现我想多了，你没钱，我就是过过眼瘾。"

2

跟我媳妇吵架，她一生气突然抱着我的胳膊咬了一口。

我看着牙印，突然笑了，说："你看，你看，我就是爱你比你爱我多一点。"

媳妇一愣。

我说："你咬了我，我都顾不上疼，还有工夫心疼你牙印不齐，想着让你去整整牙呢。”

媳妇突然也笑了：“那你给我钱，整牙很贵的。”

我看了看牙印，哈哈地笑了，指着上牙牙印说：“没事，你看，上牙很整齐，你省了一半的钱，惊不惊喜，开不开心？”

我也不知道为什么我从书房里滚出来了。

3

几年前，我结婚的时候，有一场酒席在我媳妇老家办，也有接新娘环节，以前见识过各种刁钻的问题折腾新郎，这个环节玩的就是心跳。

媳妇说：“你发条朋友圈，只要攒够100个赞我就给你开门。”

神奇不，惊喜不，在当年，有的人集够100个赞领一口炒菜锅；有的人集够100个赞能领大玩偶；有的人集够100个赞能领优惠券；而我站在婚房门口集了100多个赞，喜提小媳妇一个。

结婚这几年，在生活里摸爬滚打后我才终于明白，“赞”对于婚姻的意义有多重要，夫妻一场，别做对方的差评师，吵架归吵架，千万别往心里去，有则改之无则加勉。我们都是婚姻里的小学生，好好学习，天天相爱，多好，别吝啬给心爱的人点赞。

当然了，如果媳妇做饭很难吃，一定要劝阻她，千万别点赞，你一赞，她兴致勃勃，搞不好，你会吃到怀疑人生的。我一直觉得，有梦想谁都了不起，不对，不对，我媳妇除外。

媳妇热爱烘焙，买了烤箱，梦想着有一天能做出方圆三千米最好吃的可颂，于是她看各种视频学习，嗯，人家的可颂，做得那叫一个可爱，值得用诗歌赞颂；我媳妇做的可颂，做得那叫一个可歌可泣，按造型来说，应该叫可悚，对，惊悚的悚。毫不夸张，可以这么形容，人家做的可颂像是羊角，我媳妇做的可颂是烧火棍成精。

嗯，现在我也不知道为什么烤箱里双层的架子一层放锅碗瓢盆，一层放筷子刀叉，可得劲儿了。

4

有一天，我在厨房做饭，媳妇突然问："如果我要天上的星星，你会给我摘吗？"

我让她蹲下，闭上眼睛。

她问："干吗？"

我说："嘘，别说话。"

大概蹲了有一分钟吧，我拽着她猛的站起来，笑着说："是不是，满天都是小星星，一闪一闪亮晶晶，有没有？"

媳妇说："神经病啊，你看，我就是爱你比你爱我多一点。"

我一愣，她随手把案板上的一个苹果放正，手起刀落，拦腰一刀，干净利索，笑着说：“来，给你一个很甜很甜的小星星。”

我从冰箱里拿了几根黄秋葵，放锅里焯熟了，然后摊了一个薄薄的鸡蛋饼，把秋葵卷进去，切成一个一个的秋葵小蛋卷，摆盘，在上面用沙拉酱画了一个五角星。我把整盘端给我媳妇，笑着说：“来，你凭良心说，谁爱谁多一点？”

哪有什么完美不吵架的婚姻，不过是一边气得暴跳如雷一边又偷偷原谅。

婚姻到最后，拼的就是谁更爱谁多一点。你用心给婚姻点的每一个赞，最后都会兑换成开心。

21

你是真不知道优秀的人生有多爽，还是早就接受了命运的安排

你哪有工夫焦虑啊，努力赚钱，不好吗？

你哪有工夫悲春伤秋啊，谈恋爱约会，不好吗？

1

去年，我的微博私信里有一个恐婚的姑娘问过我，说自己特别害怕婚姻，怎么办？

我问她：“你现在工资多少？”

她说：“2500 块。”

我问她：“挣到 3000 块，很难吗？”

她说：“很难的，我们公司老员工一年才加 500 块的工资。”

我说：“你试试，看做些什么才能让老板给你加工资。”

一个多月以后，她给我发私信说：“我这个月工资涨到 3500 了。”

我问她：“你怎么做到的？”

她说："我们公司参加一个会展，做好的易拉宝忘记拿了，当时为了应急，我就临时手绘了一个大海报，没想到那个大海报反响还不错，老板破天荒奖励了我们部门，我调岗到营销策划部门了。"

我问她："你居然还会画画？"

她说："以前学过，没想到关键时候还能救场。"

今年年初，她恋爱了，我很惊讶，我问她："是谁把你的恐婚症治好了？"

她说："我跳槽了，然后就很幸运地碰到喜欢的人了。"

我说："我还记得你当初给我发私信，笃定了这辈子要单身。"

她说："大概是做自己喜欢的事儿更有自信了吧，我现在在一家新媒体公司画漫画，工资涨到 1.5 万块了，有句话说得真对，选一份喜欢的工作，朝九晚五很开心；选一个喜欢的人，晚五朝九很开心。我想起以前，你问我工资挣多少，我说 2500 块，你问我挣到 3000 块很难吗？对于当时的我来说很难，现在回头看，难的不是加 500 块钱，难的是走出第一步。是啊，与其盯着别人焦虑，不如低下头看看自己走的路对不对。"

身边的人结婚了，你急什么？身边的人月收入过万了，你急什么？身边的人恐婚，你紧张什么？

网上说，你不是父母的续集，也不是孩子的前传，更不是朋友的番外篇。你仔细想想，你一个人的纪录片让你整得忧心忡忡，是要飙演技吗？

你接这么虐的戏，奥斯卡欠你一个小金人吗？

别害怕，生活不是一直都苦的，偶尔也会很甜甜甜甜甜。

2

你哪有工夫焦虑啊，努力赚钱，不好吗？

你哪有工夫悲春伤秋啊，谈恋爱约会，不好吗？

你说，是游戏不好玩，还是网剧不好看；是朋友不够意思，还是外卖不丰富。

别总是晚上抱着手机心潮澎湃，第二天又是死水一潭，你想吃的榴梿比萨很贵的；你想买的口红色号很多的；你喜欢的人很优秀的。颓一阵过过瘾就得了，咋的，你还以为能培养你忧郁的灵魂、孤独的气质，别逗了，只会坑了30岁的你。

年纪稍微大点，在职场上、爱情上吃点亏就会懂得，没必要花时间去讨好别人，去跟让你开心的人在一起，无论是爱情还是友情。聊不来的人就别强求了，大家时间都宝贵，不是靠自己的本事挤进去的圈子，有一天还是会被踢出来的。

你会越来越懂，生活要想“性感”，舒服很重要，无论是工作还是爱情，知道自己的能耐多大，能吃几碗饭，不异想天开，会努力攒钱买想要拥有的一切，也会努力维系爱情，懂得及时止损，别人不回应，自己也不会死乞白赖地等了。

没有不敢辞的职，也没有不敢分的手。

你会越来越清楚，当你很甜的去生活，你的世界就会变得越来越甜，你也会越来越有底气。你早晚会离开领 3000 块钱还要加班受委屈的工作，也会离开无休止折磨你自尊和耐心的爱情，安心享受属于你的生活节奏。

人和人之间是有时差的，别人 18 岁时奋不顾身的爱情也会发生在你 25 岁时；你 25 岁时找到对口的工作，也许别人 30 岁时才梦寐以求。急什么，你总是害怕同龄人抛弃你，你们压根就不在一条路上，你一个马拉松选手跟一个游 1500 米自由泳的人较什么劲?

物理学里说：参照物选错了，人生可痛苦了。

化学里说，催化剂选错了，会原地爆炸。

你是真不知道努力变优秀的人生有多爽，还是你早就接受了所谓命运的安排?

人生不是一日又一日的重复，当你有能力去选择你喜欢的工作、喜欢的人后你才知道，原来努力真的有用。

后悔的滋味真不好受，尤其是当你站在喜欢的人面前，亲口承认自己没有能力拥有他的时候。

所以，你真的不打算用自己喜欢的方式去过这一生吗?

22

婚姻里你用不用心，时间都知道

婚姻里，

男人最大的本事是让自己的媳妇开心。

1

我媳妇爱花小钱，每天必须花点，买什么不重要，重要的是一定要买。

有一天，我问她："你敢不敢跟我赌一把？"

媳妇问："赌什么？"

我说："退出支付宝一天，你能撑到今晚 6 点，就算你赢。"

媳妇说："我赢了有什么奖励？"

我说："随便你。"

媳妇当着我的面退出支付宝，果然一天没有花钱。在阻止我媳妇花钱的这条路上我找到了新办法，简直想跳起来给自己一个 5 分好评，这个赌约简直棒棒哒。

按照赌约，我媳妇赢了，我请她吃饭，然后，我给她点了一份香辣蟹、一份麻辣小龙虾、一份疙瘩汤、一份糖醋里脊。我们吃得无比开心，直到我去结账的时候，突然感觉哪里有点不对呢？

为了阻止媳妇花小 10 块钱买个包邮的小帽子，我要花 200 块钱请她吃一顿饭？嗯，我这个智商，不仅需要一顶小帽子，还需要一双小手套，因为手头紧啊！

2

别人家的媳妇买衣服，一件一件买，精挑细选，我媳妇买衣服，批发。

每次收到货，都是一麻袋外贸尾单，我扛回家，不知道的还以为我要开网店呢。麻袋撕开，衣服的风格天马行空，老土限制了我的想象力，然后，媳妇开心地站在镜子面前，一件一件的试穿。

我问她："过瘾吧？"

她笑着说："你看，麻辣小龙虾，咂摸咂摸嘴，88 块钱没了；你看，大榴梿 100 多块一只，你闻闻味就没了，可是，现在 200 块钱，就可以买你老婆开心一个月，你开不开心？做人家老婆呢，最重要的是开心。你眼不眼馋，我换一件性感的给你看。"

以前，我问过我媳妇：“你干吗批发衣服？”

那时候，儿子刚添加辅食没多久，她笑着说：“我买的这些衣服又便宜又好看，给儿子喂饭，脏了，洗不干净就扔了，也不心疼。你快夸夸我，是不是勤俭持家的小媳妇？”

我说：“你缺钱了跟我说，我可以挣，别让自己委屈，你这么漂亮，不能随便拿几件衣服糊弄自己。”

媳妇一边试着衣服，一边问：“你刚才说啥？”

我说：“我可以挣钱养你。”

媳妇说：“不是，是下一句。”

我说：“你这么漂亮，不能随便拿几件衣服糊弄自己。”

媳妇笑着说：“你刚才说啥？”

我说：“不能随便拿几件衣服糊弄自己。”

媳妇说：“不是，是上一句。”

我说：“你这么漂亮？”

媳妇急了，说：“嗯？怎么成疑问句了？”

我没笑，认认真真地说了一遍：“你这么漂亮。”

然后媳妇开心得又蹦又跳，我问她：“怎么了？”

她笑着说：“不知道，就是很开心。”

“你这么漂亮。”

多么普通的一句话，我压根就没觉得这是一句情话，我可是一个情感博主啊，我写的情话故事合起来，都出版5本书了，可是，我就随口说了这么一句，她就能开心得像个孩子。

我以为努力挣钱，给她买好衣服她就开心，可是，她买了件9块9包邮的小睡裙也开心；我以为请她吃大餐她就开心，可是，她吃我做的糖醋小排也开心。

可能这就是婚姻吧，总想着憋个大招给她一个惊喜，可是，哪怕生活里芝麻大点的小事儿，她也能开心好久好久。她随口说了一句想吃樱桃，我去菜市场买菜就顺道买回来了；她说看中了一款化妆品，有点小贵，我说手一滑替你买了单，她一边骂着我败家，一边问我快递几天能到。

媳妇这种生物，你越宠她，她越可爱，我越来越理解结婚的时候朋友告诉我的那句话：婚姻里，男人最大的本事是让自己的媳妇开心。

3

跟儿子一起读书，我让他表演一下开心的样子。

他很夸张地笑着说："哇。"

我说："表演一下难过的样子。"

他接着很夸张地笑着说："哇。"

我说："这不是开心的样子啊！"

他指着书里的一条河说："哇，这么宽的一条河，真难过。"

我把过程表演一遍给媳妇看，她在沙发上笑得打滚，我说："你象征性的笑一会儿就可以了，笑得这么夸张，戏有点过了。"

媳妇笑着说："你不觉得很搞笑吗？"然后媳妇又表演了一遍，我彻底被她夸张的演技逗乐了，那一瞬间，突然觉得结婚真是有意思啊，一个冷笑话就可以让家里变暖，一份简单的开心就可以被复制很多遍。关键是，往后想起"哇"这个梗，那一份开心又会浮现。

原来婚姻是制造开心、储藏开心、释放开心，无数次循环往复的地方。

媳妇笑着说："不能再笑了，再笑眼角的皱纹回不去了，眼霜很贵的。"

我说："你放心笑，眼霜，我买得起。"

媳妇问："面霜呢？"

我说："买得起。"

媳妇说："水乳霜、BB 霜、防晒霜、口红、眼影、眼线、粉饼、遮瑕膏、面膜、祛痘膏、去黑头贴、洁面仪……除了霜，还有乳、露、膏、水、液，买不起了吧？喂，喂，喂，你别走啊！有话好好说。"

当你喜欢上一个女生的笑，你肯定会花尽所有心思去逗她笑。

她是你一掷千金能逗笑的姑娘，她也是你两个"脏脏包"就能哄开心的姑娘。

婚姻里，你用不用心，时间都知道。

23

没有钱，你拿什么维护你的爱情

假如我们先理解了生活对于我们是什么，我们都会过上我们想要的生活。

能力和欲望不匹配的人最痛苦。

1

你年纪轻轻，不知道钱的好处，将来可是要吃亏的。

尤其是在婚姻里容易栽跟头。

跟一个小学弟喝酒，他说，我爱她可以爱到天荒地老，但是被10万块的彩礼钱拦在了围城外。

是女生现实吗？不，是婚姻很现实，光没钱这一项，就能贡献80%的吵架素材。

小学弟不禁感叹爱情真不靠谱，难道有了这10万块钱的彩礼，就能过好日子？

我说，你年纪轻轻把让一个姑娘陪你吃苦描述成爱情，是不是有点过分？你总是喝点小酒后就发誓三年五年后怎样，其实你连三五天的安全感都给不了人家，嘴里喊着让人家吃肉，其实，你连一碗汤都没有。你想不想结婚？想，那就努力去赚钱，一年做不到那就两年，这个过程你得让人家觉得跟着你有盼头，你靠谱了，爱情就靠谱了。

小学弟问，生活总是如此苦吗？

我说，现在很苦，以后很甜。

没有钱，你拿什么守住你的爱情？许愿吗？

你说等我将来挣大钱了，请你吃大餐，可是，最暖的不应该是现在起身去煮一碗面再加个荷包蛋吗？

你说等我将来挣大钱了，给你买大房子，可是，当下的，不应该是哪怕住在出租房里也别让她委屈得哭吗？

你总想着上九天揽月下五洋捉鳖，可是，我们都活在人世间，大家都在起早贪黑努力工作。

年纪轻轻，愿意陪你吃苦的姑娘很多，为什么很多最后走不下去？就是因为你辜负了人家陪你吃的苦。

很多姑娘一点都不怕过苦日子，她们怕过没指望的日子，要钱没钱，要爱没爱，我们后来都能吃得起人均 100 元的鸳鸯火锅了，但是你的爱情是从街边 1 块钱的涮串开始的。

我们后来都生儿育女了，但是你的爱是从说“爱你一生一世”开始的。

2

我问过一个姑娘，你会因为男朋友穷和他分手吗？

她说，不会。穷是可以改变的，努力去赚钱就好了。可是，如果他不爱我，那我才真的是一点办法都没有。

两个相爱的人不会穷太久，你不觉得，爱本身就会让一个人变得更优秀吗？

他说，我一定会让你过上好日子。

我说，我信。他努力赚钱的样子很帅，并不是因为他赚的钱很多，而是我们一起赚钱很开心。

她说，刚恋爱的时候，我逗他，你娶我准备了多少彩礼钱？

他说，5 万。

我说，我要 8 万 8。

之后过了有一年半吧，突然有一天，他笑嘻嘻地给我一个大红包，说：“88888 块，多出来 888 块是让你骄傲的。”

原来他一直都记得娶我，那一刻，我觉得方圆 3000 米春光灿烂，我没啥可报答他的，只好嫁给他了。

她说，我们一直都很穷，家里的家具家电都是等攒够了钱一件一件的买，结婚 3 年了，还没买齐。

有一次，我们想换个大冰箱，店员推荐了一款冰箱超级智能，老公想买，我一看价格犹豫了。

后来，老公问我为啥不买?

我笑着说:“咱家冰箱比它人工智能多了，还带声控呢！”

老公一愣，我说:“老公，把冰箱的酸奶给我，我要喝；老公，把冰箱的冰激凌给我，我要吃。就这样，穷开心吧。”

她说，我们一直都很穷，也可能是穷则思变吧，以前穷的时候，经常吃的是清水煮面，后来老公学会了做炸酱面、葱油荷包蛋面、麻辣小面、鸡丝凉面、炒面、盖面、拌面、炝锅面、西红柿打卤面。

毫不夸张，连吃一个月都不会吃腻，能把穷日子过得这么花样百出，我也是服我老公了。我老公还笑呵呵地说:“穷归穷，但是营养得跟上。”

她说，以前朋友问过她，为什么嫁给她老公?

她说，我觉得跟这样一个人过一辈子很有意思，他是一个能把苦日子过甜的人。没钱的日子我们不会抱怨、不会吵架，而是一起想先怎么去赚钱。

我并不是因为他给我大红包才想嫁给他的，而是我们穷到没钱吃饭的时候，他穿着大玩偶服还唱着歌发传单，正值夏天，大玩偶服里热得是蒸笼还特乐呵，拿到工资第一时间请我吃的牛肉粉。我从来没有想过，他会放下面子去赚钱，他本是那么骄傲的一个人。

想起一句话挺应景，再穷不过要饭，不死终会出头。所以，我想跟他试试一辈子有多好玩。

她说，相爱会让你熬过很多不可思议的难关，我跟我老公就是，钱嘛，赚多少算多，赚多少算少呢，慢慢赚就完了，有钱面加蛋，没钱面清汤，过日子乐呵一点，当两个人开心远远大于失落的时候，赚钱才有动力。

以前的情人节，我看着别的女生捧着一大捧玫瑰，好羡慕，自己从来没有收到过。

后来我结婚了，我们还很穷，老公每天只给我买一朵玫瑰。

我逗他，你就不能攒攒，情人节给我买一大捧？

老公说，不行，不行，都去爱情人节的你，那每天的你谁来爱？

3

假如我们先理解了生活对于我们是什么，我们都会过上我们想要的生活。

能力和欲望不匹配的人最痛苦。

你觉得橱窗里的双层草莓蛋糕真好，你得先有能力买到它，而不是站在橱窗前，等哪个路人买了分你一块。

很多人对婚姻失望，是因为忘记获得幸福需要能力，首先你得自己有，你有 50 块，对方有 50 块，橱窗里的蛋糕卖 100 块，这样你们合力才能够拥有它。

你很容易碰到那个跟你一起凑够钱买蛋糕的人，但是，你挺难碰到那个你想跟他一起吃着蛋糕聊着天的人。

24

让我们红尘做伴，吃得白白胖胖

你知道，你们会生气吵架，可是，也会亲亲啊。

你知道，你们会委屈抱怨，可是，也会抱抱啊。

1

前两天我出差，打车准备去火车站，那天正好青岛刮大风，司机师傅到了，我刚要上车，风嗖的一下把我帽子吹跑了，我去捡帽子，一弯腰，手机啪唧掉地上了。

我捡起来一看，手机屏碎了。

依以前的我，肯定痛苦懊恼伤心，一顶破帽子值几个钱，吹跑就吹跑呗，却害得手机碎屏。可是，现在不一样了，我结婚了，心态很稳，碎屏了的手机踹兜里跟什么都没发生一样，因为我还有更重要的事儿，去坐高铁。

真佩服自己的沉稳，大风越狠，我心越稳。

结婚这几年，我越来越沉稳了，也深刻理解到不要因为已经发生的无可挽回的小事让心情变糟。因为，你肯定输啊！

有一天，我在家做家务，忙得焦头烂额，喊了媳妇几声，她只应声没过来，我很快火冒三丈，生气地问：“你是不是很闲？”

媳妇抬起头，愣愣地看着我。

我又问了一句：“你是不是很闲？”

然后媳妇站起来，亲了我一下，笑着说：“你尝尝，咸不咸？”

我一下子笑了，自己还真是一只可爱的小河豚啊，明明肚子气得鼓鼓的，扑哧一笑，撒气了，蹦蹦跳跳又去收拾家务了。

2

媳妇怀孕的时候怕胖了不好看，整天抑郁。我说，没事儿，要胖大家一起胖，你吃排骨我喝汤；要壮大家一起壮，你吃焖锅我清仓，你争取养得白白，我吃得胖胖。

媳妇开心地说，好嘞。

然后，大家一起吃啊吃，体重增啊增，涨势喜人；然后，媳妇生完孩子，做完月子，人家嗖的一下又回到了体重不过百的少女，我被催熟成了中年大爷，我俩站在镜子面前很尴尬，夫妻之间的信任呢？

果然书上说得真没错，夫妻本是同林鸟，大难来时先炖肥的。

媳妇乐呵呵地说："加油，我相信你会瘦下来的。"

我气得不行，说："都这么油腻了，你还加油，你确定我是你亲老公，不是去民政局的时候领错了吧？"

哎，我就这么被坑了，媳妇怀孕10个月，我瞎跟着涨了十几斤。哎，结婚时那个可爱单纯的小姑娘再也回不来了。

3

有一天我在书房里写文章，毫不夸张，文思如泉涌，那灵感的火花噌噌地冒火星子。

媳妇坐在客厅的沙发上看纪录片，她特别喜欢看各种跟人文自然相关的纪录片，看得超级开心，一边看一边给我讲，还手舞足蹈地比画。

她说，有一种鱼叫衬衫鱼，特别可爱，它有自己的一亩三分海藻田，里面有珊瑚有海藻，它每天勤勤恳恳地收拾，像一个特别勤劳的农民。海胆特别爱去海藻田里捣乱，它每天就游来游去地驱赶它们，可是它晚上怕黑，就躲起来了。海胆就高兴了，在它的海藻田开嘉年华，咬得海藻咯吱咯吱的那个爽，把衬衫鱼气得不行不行的，可委屈呢。可它又不敢晚上出去哄赶海胆，只好第二天早上再哄赶，每天都这样。你看，衬衫鱼明知道生活很苦很烦，可是明天还得继续，谁让你热爱着那片海藻田呢？

我说：“所以，这就是你跟儿子把积木扔得满客厅都是，第二天让我收拾的原因？”

媳妇笑了笑，接着说：“你知不知道皮皮虾也是一夫一妻制，它们可恩爱了，住在洞里，老公每天竖着大钳子，夹住好吃的都先给老婆吃。”

可能是纪录片里的剧情有新进展，媳妇跟着一起紧张，说：“完了，完了，完了，它老公发现了一个更大的洞，扔下它老婆跑了。好残酷啊！它老公肯定是觉得把洞掏大了住着舒服，也可能它老公外面有别的皮皮虾了。”

过了一会儿，媳妇又接着说：“你快来，快来看，它老公又回来接它了，它们有一个大洞了。天哪，它老公准备了那么多好吃的，暖得不要不要的，以后，我再也不吃皮皮虾了。”

我很绝望，我的写作灵感呢？我也想知道去哪里了，相当绝望，满脑子都是媳妇魔性的旁白解说，能把海洋纪录片当成国产伦理剧追的，我媳妇绝对是业界的一股泥石流。

所以，事到如今明白了吧，你们能看到我一篇完整的文章出现在你们面前有多不容易吗。看完了，你们还不给我点个棒棒的赞，我可是要经历无数折磨的。

可是转念一想，有个人跟你分享你不知道的有趣的事儿，这不就是谈恋爱的意义吗？灵感可以再等等，可是，我爱你，都是即时反馈啊！

4

这些年要不是相爱，我大概会被我媳妇气死一百个回合了，每一次我都安慰自己：谁让你娶她的，该；谁让你宠她的，该；谁让你惯她的，该。

谈恋爱就是如此，会有无数小事儿纠缠你、折磨你，哪有那么多顺口的生活啊，给你一碗羊肉汤，上面就是漂着你不爱吃的香菜，端起碗吹一吹，就能喝；给你一份猪肉鸡肉双拼饭，里面就是有你不爱吃的西兰花，拿筷子拨一边，吃其他的，哪怕生活很辣口，你可以找一个很甜的人在一起嘛。

很久以前有朋友问我：“你怎么做的才会把婚姻里的日子过得那么甜？”

我笑着说，一天 24 小时，我只是记住那些很甜、有趣好玩的瞬间。你看我写的故事，那不是婚姻的全貌，我也有苦恼的时候，可是谈恋爱不就是这样嘛，为了 1 小时的甜，我愿意去接受哪怕 23 小时的苦。因为这就是婚姻啊，你不能单独摘出来一段说，这段太苦，我不过；那段太咸，我不过；甜多了，也会腻的，酸甜苦辣咸搁在一块儿，那才有滋味儿。

不要去做傻事儿，心态要稳，别把好心情消耗在很坏的小事儿上，跟它纠缠，会浪费更多的时间。你很清楚，别看事儿小，它能把你的爱情搅拌得稀里哗啦。

你知道，你们会生气吵架，可是，也会亲亲啊。

你知道，你们会委屈抱怨，可是，也会抱抱啊。

某一瞬间，你对一个人失望，可是一转眼，你也会两眼放光地看着他，无比的崇拜。那些让你气得发抖的时光，后来回忆起来，也会乐得笑出泪花。

婚姻啊，好像是你跟一个脾气对味的人一起修炼，炼啊炼，炼啊炼，有一天，你们炼出来一块糖，吃起来，真甜啊。可是，一小会儿糖就吃完了，你们还要继续炼下去，等下一块糖出现。

可是，最甜最开心的日子，不是糖出现的那一刻，反而是你们一起修炼的那些一起吃苦的日子。

我爱你，都是即时反馈啊！你笑了，当下就赚了。

25

不被别人理解
才是生活的常态

不要并轨到别人那里去自卑，不要怀疑自己的决定，

不必瞻前顾后，不必觉得低人一等。

有些道理，觉得有用你就学，没用就扔掉。

1

你已经做得很好了，别听别人瞎扯。

要心地善良，要温柔活着，要对得起自己说过的每一句话，别成为别人心头落的那一片雪花，别质疑自己的能力，更别放弃自己的热爱。

大家都有过一段黑暗的日子，会突然觉得活得好累，生活处处不如意，没有人理解你，你也找不到一个可以说说话的人，大家都很忙，哪有人会关心你的情绪呢？

你提一嘴好累，身边亲近的人却说，哎，快别矫情了，这世上谁不累啊！

你撑了很久很久的坚强一下子就崩溃了。

其实，不被别人理解才是生活的常态，大家的节奏不一样，如果有人跟你抱怨生活有点累，你一定要抱抱他，告诉他没关系。

并不是说了没关系生活就会真的好起来，而是当你学会安慰别人的时候，你才会安慰自己。

为什么我们总是被说一到晚上就活得矫情？

夜深人静就要去睡觉啊！瞎想什么呢。

可是，失落的人心里有一个圈，里面住满了羊，数了一遍又一遍，我知道羊很多很多，可是弄丢一只，也会很难过的。

真心不是矫情，我只是在等我的羊回家。

也只有在晚上，你才突然发现你活得像自己，你不必讨好任何人，有的人追剧、有的人吃夜宵、有的人胡思乱想，只有这一刻，活得安静而热闹，活得痛快淋漓。

成年人的衣柜里谁还没几副面具呢，闹钟一响，就开始从柜子里挑，今天扮演哪一种开心呢，这副努力向上的青年面相挺好，要不，就这副吧！

下了班，摘了面具，你活得才多自在啊！

可是有一天你也害怕下了班站在镜子前面，怎么都摘不掉面具，翻遍了所有的衣柜，找不到自己那副真实的面孔了。

别把自己逼得那么累，别给自己制造那么多的焦虑，人比人，那不得气死人啊，咱就吃好自己的阳春面，不惦记别人的牛肉面，浇头比你好看点能咋地，咱慢慢来，不着急，总有一天，鸡腿饭会有的，牛肉煲会有的，糖醋里脊会有的，时间一定会一口一口把你喂成小胖子。

想想现在，是不是比从前好了很多，知足一点、努力一点，三步并作两步确实会快，可是也容易劈叉啊，成年人下个一字马，多疼啊。

只要你真心愿意去生活，生活也不总是为难你的，偶尔还是有惊喜的。

2

不经历低谷，你怎么知道山谷里野百合也有春天呢，撑着不哭倒是挺酷，可是心里难受啊。

失去就失去，不是站着说话不腰疼，而是坦然一点，再去生活里抓回一个喜欢的，不就行了吗。

折磨你的东西，都是你介意的，不愿意放手的，其实，世界大得很呢，什么都有。

别把自己逼到死胡同里，然后不停地追问自己去罗马怎么走，大家都去罗马，你就去罗马啊？！不去行不行，脚下的路很多，走之前先问问鞋扛不扛造，磨脚不疼啊？！

穿人字拖的人非要学人家跑，昂首挺胸跑起来呼呼带风，一低头，“人字”还在，“拖”没了，遭不遭罪？

你总是焦虑，总是累，就是看别人太多，看自己太少，早就忘了当初为什么瞎跟着一群人凑热闹过独木桥。为什么不快乐了，要得太多，不知道为什么要，看着别人的至尊海鲜大比萨，手里的香辣鸡腿堡不香了，奇不奇怪？

3

别把时间再浪费在无关紧要的人和事上面了。

以前我看过一个短片，里面有句话挺震撼，说：你还能活两万来天，去做点有意义的事儿吧。就像两万块钱，去买点自己喜欢的东西吧。时间和钱一样，一旦用起来，很快就消耗完了。

小时候，时间好像是一天一天的过；再大一点，一个星期一个星期的过；你开始上班，时间是一个月一个月的过；你回头看父母，他们的时间是一年一年的过。

所以啊，还是多盯着自己吧，去做点想做的事儿，别总是被“过来人”带偏了方向。哪有那么多的人生大道理，说到底，人们都是各活各的，图一个开心而已。

在你的人生轨迹上，你现在已经做得很好了。

不要并轨到别人那里去自卑，不要怀疑自己的决定，不必瞻前顾后，不必觉得低人一等。有些道理，觉得有用你就学，没用就扔掉。

输了咱认，不丢人，别抬杠浪费时间。如果很多人都不看好你，也不必垂头丧气，没必要跟他们较劲而毁掉自己的人生计划，活着不是为了证明谁对谁错，而是要在这个有限的时间里，把自己想要经历的东西，尽量全部去经历一下。

加油，过好自己的日子最实在，其他的随缘吧！

26

谈恋爱一起狂，
结了婚一起扛

我们终究会把苦难、欢愉，添油加醋，熬成一锅粥，吃得喷喷香，

不着急，小火慢慢炖，慢慢爱。

1

媳妇问我，在我们感情遇到问题，吵架后，你想过离婚吗？

我说，想过。

媳妇问，几次？

我说，每一次。

媳妇问，为什么不直接去民政局离了？

我说，民政局附近没啥好吃的饭店。

媳妇问，这都啥关系？

我说，你自己什么人你心里没数吗？要是那里没有好吃的饭店，你能去？以前上班的时候，人事经理让你调岗去临沂，你不去，我

说临沂有一种早餐叫糁，大骨头黑胡椒熬成汤，浇在牛肉羊肉或者鸡肉上，上面撒上香菜葱花，你说别说了，然后兴高采烈地填了调岗申请表。让你去学车，你不去，我说驾校旁边有一家麻辣鸡架很好吃，肉质鲜嫩骨架酥香，我话没说完，你给教练打电话问，现在报名还来得及吗？咱俩结婚的那年，民政局附近有一家炸串店，队排得很长很长，要不是你要去吃，咱俩能顺道领个结婚证吗？

媳妇沉默了一会儿说，才想明白，你这是骗婚啊！

说，你！才！想！明！白！咱俩都结婚两年了啊！

我想起以前，第一次遇见她。

她有一张像刚煎好的荷包蛋、中间还是溏心的那种稚嫩的脸，新奥尔良炸鸡腿汉堡的肩膀，肩膀下面是长长的薯条胳膊，腰是火锅里的豆皮结、炸串里的海带结那种小蛮腰，两条笔直的蟹棒腿，头上戴了一个蝴蝶结的发卡，像是一碗刚上桌的红烧牛肉拉面，半个酒窝里有一扎青啤。

这些年，她简直就是行走版的、教科书式的吃货，哦，不对，她也有不吃的，四条腿的不吃桌子，两条腿的不吃圆规，会飞的不吃风筝，上山的不吃登山拐棍，下海的不吃海蛎子皮。

2

我是一个不擅长吵架的人，尤其是在我媳妇面前。

她伶牙俐齿，每次都能把我怼得结结巴巴，每次战后反省，我都觉得没发挥好，可是下一次依然输得目瞪口呆。

前两天，儿子把一大堆绘本书扔得满屋都是，乱七八糟，媳妇让我收拾，因为要临时处理一点儿工作的事，我说等会儿收拾。

媳妇大概没睡好觉，一下子脾气就上来了，那感觉就像你咕咚喝了两口啤酒，气往上顶，不打个嗝，对不起啤酒为你冰镇受的苦，她就随口说了我几句。

我也生气了，心里想说她一句，“我又没说不收拾，你是不是有病啊！”然后我张嘴就说，你是不是有……刚说到“有”这个字，媳妇立马怼回来：“有什么？”

我说，有——有——有理想、有道德、有文化、有纪律的社会主义“四有新人”。

3

我媳妇特别懂事儿，每一次吵完架，都会主动认错。

我就问她，是不是饿了？

她点点头。

我就开心地跑去厨房做饭了，而且一炒就是俩菜，菜一上桌，她吃得狼吞虎咽，所有江湖恩怨，一笔勾销。

在我们家，我深深地知道，只要我还“统治”着冰箱和煤气灶，只要我大勺一挥，就可以调动油盐酱醋，这就是我的王国。无论吵架的时候我媳妇有多狂，她都会在我进入厨房的那一刻，变成一个萌萌哒的小媳妇，因为食物可以封印住她倔强的灵魂。

直到有一天，我媳妇要在厨房里煮面，我害怕了。

我问她："要不要帮你加两个荷包蛋？"

她说："不用，你忙你的。"然后，她烧上水，去追剧了。

过了半个多小时，她站在书房门口，一脸委屈的样子，我问她："面，不好吃？"

她摇摇头。

我问："荷包蛋，不好吃？"

她摇摇头。

我问："那到底怎么了？"

她说："我忘记放面，水烧干了。"

我说："我是先笑两分钟呢，还是先去给你煮面？"

她说："你先笑吧，我给你起个头，哈哈哈——哈哈哈——"

嗯，我放心了，厨房还是我的天下。

4

有一天晚上，我写文章到晚上 10 点多，突然叹了一口气。

坐在旁边的媳妇问："你怎么了？"

我伸了个懒腰，说："疲惫到极点了。"

媳妇很认真地看了看手机上的时间，说："10 点 17 分了。"

我愣了愣，突然笑了。

媳妇问："笑什么？"

我很认真地说："我说的是疲惫到极点，不是几点。"

她说："那你还不滚去睡觉。"

然后，儿子在卧室里哭了，我说："你去睡吧，我去哄。"

哄完了儿子睡下，看见媳妇坐在客厅的沙发上发呆，我问："怎么了？"

她突然抱着我就哭了。

生完孩子第一年，这已经不是她第一次委屈地哭了，她没有想象中那么坚强，以前职场里那个雷厉风行的小姑娘不见了，取而代之的是总怕自己犯错的新手妈妈。

媳妇问我："你后悔要孩子吗？"

我说："比我们之前养狗养猫，好多了。"

媳妇问："为什么？"

我说："你亲他一口的时候，关键是不掉毛啊！"

然后媳妇靠在我肩膀上，我揽着她，拍着她的肩膀说："哎，当男人真不容易啊，哄完小宝贝还要哄大宝贝。小宝贝睡，小宝贝睡，小宝贝睡完了，大宝贝睡。大宝贝睡，大宝贝睡，大宝贝睡完了，老公睡。我睡什么睡啊！天亮了，起来嗨。"

5

我媳妇没有工作。她不做饭，有我；她不洗衣服，有洗衣机；

她不扫地，有扫地机器人；她不去菜市场买菜，我去。

可是，她没时间打扮、没时间聚会、没时间娱乐、没时间逛街、没时间淘宝购物，因为她有一个 24 小时无死角耗着她——睡觉 5 分钟、折腾两小时的儿子。

她有多累？

有一回，我给她买了她最爱吃的红枣糕，她居然吃着吃着睡着了。她以前是什么样的人？假如冰箱里有好吃的，她半夜醒来会偷偷吃完再回去睡觉。可是，自从我们有了儿子，连她最爱的枣糕她都不吃了。

她有多苦？

儿子吃海鲜过敏，她就不吃海鲜了。

有一次我们路过一家餐厅，餐厅门口是烧烤大排档，有香辣蟹、麻辣小龙虾。这是什么概念？以前对于我媳妇来说，这是续命的东西。

媳妇说："你等会儿，我闻闻味儿。"

因为要给孩子喂奶，她一个嗜辣如命的姑娘戒辣了。

好像关于吃的，她没有戒不掉的，只要儿子不喜欢。

她有多委屈？

有一次，儿子大哭大闹，我媳妇彻底被整崩溃了，她说："你哄一下。"然后，她自己一个人躲在小卧室里哭了。后来我问她，为什么没当着儿子的面哭？

她说，我不能让儿子知道她妈妈也有脆弱的一面。

脆弱，她还脆弱？

涨奶的时候她疼得要命，一个人在客厅坐到清晨6点，然后给医生打电话预约疏奶。

儿子喝奶，用劲过大把乳头咬出了血，她疼得眼圈红红的，愣是不掉一滴眼泪。

要喂夜奶，她没有睡过一个整觉，估计全靠看到儿子的笑支撑着。

我无数次劝她改喂奶粉，她都自己一个人扛下来了，她说，母乳喂养的孩子抵抗力强。

是的，我媳妇没有工作。但是，她比我更忙、更累、更苦。

媳妇问："假如可以开工资的话，你愿意给我发多少钱？"

我说："900块。"

媳妇说："你不爱我了。"

我说："950块。"

媳妇说："你果真不爱我了。"

我说："990块，不能再多了。"

媳妇问："为什么？"

我说："你自己心里没数吗？咱家所有钱都在你银行卡里，你每个月就给我1000块的零花钱。"

媳妇说："那你还留了10块钱呢，说，是不是有外遇了？"

我说："你再说一遍。"

媳妇说："你是不是有外遇了？"

我特别生气，转身就走了，因为再这么纠缠下去，我很容易错过楼下蛋糕店的开业典礼。开业啊，大促销啊，10块钱5个榴梿酥啊！

嗯，我媳妇最爱吃榴梿酥。我不心疼她，谁来心疼她？

一个男人最大的温柔是什么？你为我吃的苦我心里都有数啊，傻姑娘。

有人问过我，恋爱最好的状态是什么？

我想了许久，后来觉得有句话很适合回答他：谈恋爱时一起狂，结了婚一起扛。

我们不是结束了7年的恋爱长跑进入了婚姻，而是我们一直走在相爱的路上。是走，不是跑，我们没有那么焦急，那是一条我们都不知道目的地的路，但是深知，只要跟她在一起，去哪里都行。

会迷路，然后指责埋怨对方；会自恋，碰到陌上花开，然后开心自拍；会烦恼，队伍壮大，多一个人或者两个人，乱了步伐；会惊喜，见过很多地方的云、桥和晚霞；会担心，风餐露宿吃不饱睡不好；会心安，有一个肩膀可以依靠；会害怕，有猛兽出没；会吵架，不理对方，你看明月当空照，我自花间一壶酒。

最主要的是，谁都不会掉队。

我们终究会把苦难、欢愉，添油加醋，熬成一锅粥，吃得喷喷香，不着急，小火慢慢炖，慢慢爱。

27

宠一个人，最大的受益者是你自己

所谓生活，不就是跟喜欢的人，

努力找一种彼此喜欢的方式养家糊口吗？

1

儿子今天两周岁。

我当全职爸爸 3 年了，有人觉得不可思议，其中的一年让你吃了？一听这句话就知道，你肯定没亲自下场伺候过怀孕的老婆。

10 月怀胎啊！以前看到过一段话，其实老公是没资格顶撞老婆的，想跟老婆吵架，行，挑一个项目先完成一下，试试。

你敢吃一顿饭吐一次，连吐 3 个月以上吗？

你敢连续 5 个月睡觉不翻身吗？

你敢肚子上绑至少 5 斤的沙袋，工作吃饭睡觉都带着连续 5 个月吗？

你敢忍受一两年内乳头被无数次咬破出血吗？

你敢一两年持续熬夜，不睡一个整觉吗？

所以，你知道老婆是怎么熬过生完孩子的头两三年吗？

2

我终于如愿以偿地当上了全职爸爸，为了有仪式感，媳妇给我买了一件漂亮的围裙，我捏着裙角翩翩起舞，简直萌死了。我问我媳妇，我炒的菜是不是可甜可甜了？

媳妇纠正说："孕妇不能吃太多糖。"

我说，我知道，我每次炒菜都要给菜讲好多好多的情话呢。你知道的，它们大老远从菜市场到咱家，如果不是碰到自己心爱的菜，它们是不会轻易下锅的。西红柿觉得吃定鸡蛋了，不对，你看，鸡蛋最后跟了青椒，喜欢一个人你得努力争取啊。西芹老觉得跟百合是最佳拍档，谁能想到肉丝捷足先登了，爱情啊，讲先来后到。土豆想把牛肉给炖了，刀看不过去，就把土豆切了丝，你看，总有人偷偷爱着你。

媳妇说，你好好说话。

我很委屈地说，油一热，我就慌了，管他什么菜，抓过来就下锅了。

媳妇突然脸色沉下来说，你不爱我了，是不是我怀孕变胖了不可爱了？你宁愿撩一棵苗条的芹菜，也不愿意撩我。

这就是一个怀孕少女的日常恐婚，总觉得全世界都在抢她的老公，包括一棵芹菜。

3

媳妇怀孕的时候，我说，你尽管生，孩子我来带。

孩子一落地，我整个人都懵了，说好的孩子是上天派来的天使呢？别逗了好吗？一旦哭起来，立体声环绕，就跟手里抱了一个低音炮似的，刺激不，每天的生活就像蹦迪，尤其是夜深人静的时候，睡个嘛啊，起来嗨啊！

开始以为这是折磨，直到哄完孩子我跟媳妇在月夜里、雪夜里、雨夜里促膝聊天，她安静地听我讲故事，讲到最后她睡着，我把她抱到床上，看着他们娘俩安心地睡着，我突然发现，这就是我想要的生活，你以为孩子横冲直撞了你的世界，不，他给了你风花雪月。

我常常跟儿子玩“谁更爱妈妈”这个游戏。

比如吃饭的时候，我会把我碗里的肉夹给我媳妇，儿子不甘示弱，直接抓起自己碗里的肉就喂给妈妈。

比如媳妇上绘画课回家，她一按门铃，我跟儿子冲刺去抱她，谁先抢到妈妈的抱抱就有奖励。

比如媳妇心情不好，我就会跟儿子想办法逗她开心，谁先把妈妈逗开心了，就可以得到妈妈的一个亲亲奖励。

原来，孩子真的是天使，他会帮你打开一个新世界。

4

有一天媳妇问我，一个爸爸每个月得挣多少钱才可以养活一个家？

我说，问这个干吗？

她笑着说，怕你累着。

我笑着说，你少来，你是怕不够花。

她又问，你说，我要不要去上班或者学个什么，好歹也能贴补点家用。

我说，不用，我能挣到钱，不过我建议你去学你喜欢的东西，有一天，我不挣钱了，你养我。

她笑得特别开心，说，好啊，好啊！

生完孩子以后，我媳妇去上了文化馆组织的那种公益课程，学画国画，一开始我以为她三分钟热度，后来课程结束，她又跟着国画老师去任教的老年大学上课，再后来，她又上了国画老师自己办的素描班。

没成想，她一学就是两年，我儿子都两岁了。

有一天，她画完画回家开心地说，我可以养你了。

我正在厨房做饭，愣愣地看着她。

她笑着说:“老师说了，再学一年，我就可以开一个素描培训班教小朋友了。”

我失望地说:“哎，我还得养你一年。”

生完孩子这几年，我突然觉得媳妇的魅力值比从前更高了，她有了很多梦想，也在努力去做。她去考驾照、学钢琴，她甚至开始恶补英语，想要以美术生的身份重新参加高考，前两天，她还买了一个尤克里里。

我突然怕有一天我配不上她的好。

尽管现在我在挣钱养家，但是我依然觉得这个家里我媳妇最重要，她给了我无数跟大多数人不一样的婚姻状态，快乐、舒服、从容，我不会因为挣不到钱而焦虑，因为她说过，会养我。

所谓生活不就是跟喜欢的人，努力找一种彼此喜欢的方式养家糊口吗?

结婚这几年，我也深刻地意识到，当一个家庭里大多数的快乐不是依靠钱制造出来的，这样的婚姻就对了。当我知道媳妇怀孕了，我笑着跟她说:“不好意思，我更爱你，我先当爹为敬”。我尝到了婚姻里“我更爱你”的甜头，原来你宠一个人，最大的受益者是自己。

截止到今天，我最喜欢的职业是全职爸爸。书上说，当一个人在一个领域工作持续超过1万小时，他就会在那个领域有所成就。一想到自己离1万小时爸爸又近了一步，感觉自己特别萌。

我是全职爸爸，今天3岁，祝我快乐。

童话小剧场

我瞒着所有人，一直在爱你

小白兔和小刺猬分手了。
好像以前所有的小动物都以为他们会结婚的。

小白兔获得了 10 千米越野冠军。

小刺猬获得了滚球大赛的最佳滚手。

小白兔以为小刺猬会在终点给她一杯鲜榨胡萝卜汁。
小刺猬以为小白兔会在观众台举着应援牌大喊加油。
然后，他们就分手了。

所有的分手理由，都不是分手的原因，只是双方当时都能接受的理由而已。河堤不是被秋天的夜雨冲垮的，是因为小蚂蚁在堤坝下安了家。
就因为这事儿分手，不值当吧。
如果分手一定会后悔的。
干吗要后悔呢？

小刺猬开了一家坚果店，
生意做得越来越好。
后来，滚球大赛邀请他，
他再也没有参加过。

小松鼠给他介绍了好几个女朋友，
他都笑着拒绝了。

说完这句话，小刺猬眼圈红红的。
但是，小白兔早就嫁给了小灰兔。

小白兔还是努力参加着越野比赛，挣钱养家。

小灰兔在森林里推着小车卖胡萝卜，日子过得凑凑合合吧。

小刺猬每次还是躲在角落里看小白兔参加越野比赛，

那一天，他会关店不营业，每一次小白兔赢了他比小白兔还要开心。

有一次，小白兔在冲刺的时候，
被别人故意撞倒了，
小白兔在地上滚了好几圈，
撞在了广告牌上，腿流血了。

小刺猬冲上去，
抱起小白兔就去了医院。

医生跟小白兔说，你恢复好了，
恐怕以后不能再参加这种高强度的越野比赛了。

小刺猬看着小白兔，他曾经以为小白兔该后悔分手的，可是，她没有。她宁愿住在下雨漏水的兔子洞里；她宁愿怀孕挺着大肚子站在雪地里跟他老公卖胡萝卜；她宁愿不停地跑，拿命去挣那点奖金，因为，她很开心。

小刺猬终于明白，这辈子无论他开多少家坚果连锁店，住多大的房子，挣再多的钱，努力把自己变得更成功，她不爱你了，你连她的余光都吸引不过来。你想让她后悔当初离开你，没门，她早就找到自己的幸福了。

小刺猬在小白兔的朋友圈里，看到小白兔一家三口的照片，笑得那么开心，
他想，原来幸福、安全感这种东西，每个人理解的都不一样，
而有些分开，就是不合适。不合适，就是不合适。

说什么分开以后，我拼了命的努力，从此后我的荣华富贵都与你无关，你会后悔当初没有跟我在一起。大概都是臆想吧。如果当初在一起的时候尽了全力，就不会失去了吧。有些旋律，一个拍子跟不上，后面就溃不成军了。
让前任后悔，想想多可笑啊，她都走了，你还在努力让她多看你一眼，你甚至花很长一段时间负气地活着，如果有心变好，那是对自己人生负责，何必挂一个怀旧的名头。

为什么分开？
大概是，你给不了的，她在另一个地方得到了，无论是什么。

小刺猬关了店，准备离开这片森林了，他打包了行李，站在坚果店门口，小白兔刚好路过。

小刺猬转过身，
一只手拉着行李箱，
一只手挥舞着，哭了。

小刺猬去了一片新森林，
这里老虎很好说话，小狐狸会跳舞，
大象定期开演唱会，长颈鹿的脖子滑梯，
好像每一只动物都不错，

树袋熊姑娘已经向他第三次表白了。

树袋熊拉着小刺猬去坐船，她说，十年修得同船渡。
感人吧，你想多大的缘分啊。可是，你误以为一生的那个人，
不过就是一个船夫，他只是帮你渡河，你上了岸，就得挥手告别。

树袋熊把小刺猬脖子上戴着的胡萝卜吊坠拽了下来，
当着小刺猬的面扔到了河里。

树袋熊不说话，用一支笔在船上做记号。

树袋熊说，对啊，你就是那个刻舟求剑的傻子，你在痴情什么啊？！最讨厌你这种人了，拥有的时候不珍惜，失去了装情圣，你有本事，去把她抢回来。不敢吧。因为，你没本事让她再爱你了。你逃避什么，是替过去的自己赎罪吗？你能不能清醒点，别再做这些自己感动自己的傻事了。

小刺猬说，那个胡萝卜吊坠是她第一次得冠军的奖品，她跑起来的样子呼呼带风，很可爱。她说，我获得第 10 个冠军，我们就结婚，好吗？她一直在努力跑着、跑着，10 千米，又 10 千米，好远、好累的，可惜，我那时不懂，她需要陪伴，才可以跑得更久。

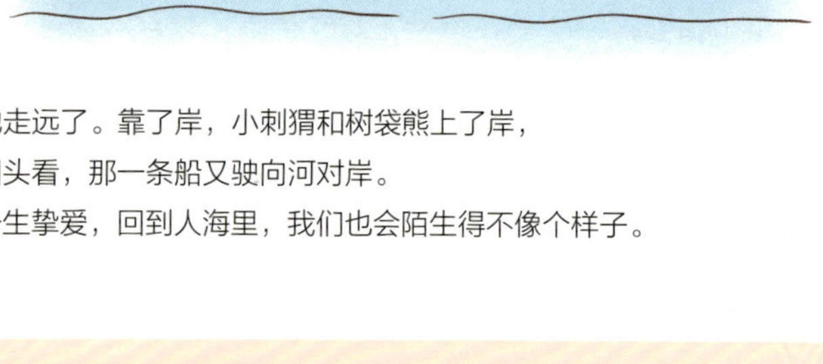

船慢慢地走远了。靠了岸，小刺猬和树袋熊上了岸，
小刺猬回头看，那一条船又驶向河对岸。
谈什么一生挚爱，回到人海里，我们也会陌生得不像个样子。

28

慢慢来，
谁不是翻山越岭去相爱

对啊，婚姻本身就是没啥味道，

可是做了一些简单的小事儿，就甜了。

1

老胡出差路过青岛，我请他喝酒。

酒喝到一半，老胡突然问："结婚这几年，你累不累？"

我愣了一下问："你怎么了？"

老胡笑着说："没激情了，爱不动了。"

恋爱的时候，每天浑身是劲，聊不完的话题，不想结束的约会。现在，忙活一天，累了一天，回家就想洗洗睡。

看场电影？出去旅游？想都别想，有那个时间在家里睡个懒觉不好吗？

改天吧。三改两改，电影下档了，年假耗完了。你说，生活对谁手软过，多年的小媳妇熬成了黄脸婆。

我笑着说：“你油腻了。”

老胡笑着说：“4S压榨花生油般的油腻。”

我说，你太相信来日方长了，其实在婚姻里拖延症会把一切激情磨光。感觉这东西，过了就是过了，你看，一瞬间就想吃油焖大虾，一拖延，胃口就没了。

哪有什么少女心啊，你宠她，她就有，你不宠她，她就没有。

她其实盼着你给她惊喜，哪怕是小事儿。可是你一忙就忘记了，生日啊、节日啊，送的都是一成不变的礼物，你懒了，她腻了。

你那不叫平平淡淡才是真，你是不愿意在一个人身上花心思了。

老胡点了一支烟说：“前两天，初恋突然联系我了。”

我问：“你俩有年头不联系了吧？”

老胡点点头，伸出一只手，说：“5年。”

我问：“因为啥联系？”

老胡说：“她说收拾家里的箱子，发现了从前我写给她的一封情书，问我有没有时间，还给我。”

我问：“你还有她的联系方式？”

老胡说：“有啊，没删。”

我问：“没舍得删？”

老胡笑了笑说：“真的放下，恰恰是有联系方式，心里却没有了涟漪。”

我问："你去拿情书了？"

老胡说："没有，不过我做了一件很奇怪的事儿。"

我愣了一下。

老胡笑着说："我花了一下午的时间给我老婆写了一封情书，你说我是不是疯了？然后，我读给她听，她居然脸红了，都 4 年夫妻了，她居然害羞得像个小姑娘似的。有那么一瞬间，我突然觉得重新爱上眼前这个姑娘了，很心动。奇怪吧，我给她买成套的化妆品，还不如用一个下午给她写封情书更能让她开心。"

我问："后来呢？"

老胡笑着说："有天早上我准备出门上班，看见老婆脸上有一粒米饭，我就指了指自己的腮提醒她，她突然很害羞地踮起脚亲了我一下。

"我 3 岁的小女儿看见了，也跑过来要亲亲，毫不夸张地说，那一刻，我突然又有了恋爱的感觉了。

"我问自己，不是没激情了吗？怎么亲一口就还魂了？恋爱的感觉是真爽啊！"

2

以前看到过一段话，说婚姻就像是在一间黑暗的房子里洗衣服，你可以偷懒，假装搓洗几下，你也可以认真地一遍一遍地洗，没人监督你，全靠自觉。突然有一天，灯亮了，你会发现认真洗的那件衣服很干净，你会特别地开心。

老胡说，你喜欢一个人、你偷的懒，骗过了所有人，却骗不过时间。有一天你们争吵，她问你还爱我吗？你说，我拼命工作就是为了给你更好的生活。

这句话自己都觉得虚，一段感情全靠钱来撑着，跟进了 ICU 有什么区别。恋爱的时候，我们捧在手心里当宝贝的姑娘，怎么一结婚就变得什么都不是了？

你的新车，跑了一万千米还要保养呢，怎么姑娘就成了冰箱，你老想着打开就可以拿啤酒酸奶小龙虾，拿空了才想起，你还应该往里面放牛奶泡芙芒果布丁。

晚了，爱情也会过了最佳保质期的。

我问："怎么了，感情出什么问题了？"

老胡说："差一点离婚了，都走到民政局门口了，我突然亲了她一下，她愣了愣。我们领结婚证的那天，我也在那个门口亲过她。才 4 年啊，爱情就被生活生吞活剥了。

"她说了一句话，让我特心疼，她说：'你好忙啊，说了离婚你才陪我半天。用了这个理由，下一次我都不知道找什么理由你才会陪我半天。'"

我说："生活从来不易，工作和家庭哪儿那么容易平衡，拼命挣钱也不过就是替自己的亏欠买个心安而已。"

老胡说："吵架时你别听她说了什么，要听她没有说的那句话，她不会随便跟你闹的，一定是心里有委屈的事儿。

"那天，从民政局回来，一路上，我都牵着她的手。

“后来，下班早的话我就会去买支花，或者多走几步路去买一份肠粉；下班晚的话就在楼下的蛋糕店买一块提拉米苏，有时候在路边摊看到漂亮的发卡也会买回家，有时候会接那种餐厅促销传单，然后带她去吃，听来的笑话，再讲给她一遍，她就笑了。

“其实，一个姑娘嫁给你，要的不多，只要你心里有她就可以了。”

那天，老胡走的时候叮嘱我，有空就多陪陪媳妇，她可能是唯一能陪你走到最后的人。

我想起另一个朋友告诉我的人为什么结婚的原因。

因为你觉得可以从一个人身上得到高质量的陪伴，当你需要的时候，他正好就在你身边。

你开心，可以抱着他撒娇；你难过，可以趴在他肩膀上得到安慰；你委屈，他可以帮你解气；甚至你的整个人生，他也都可以帮你出主意。

否则你干吗结婚，养一条狗、养一条金鱼、养一盆花，都可以陪伴啊！

可是你要明白，高质量陪伴和消磨时间是两码事儿。

那种被人懂的感觉，是真好啊！

3

问你几个扎心的问题。

恋爱第一年，你们还在公众场合开心地牵着手吗？

恋爱第二年，难过委屈的时候，你们还会彼此抱一抱吗？

恋爱第三年，你还记得最近一次说了“我爱你”是因为什么事儿吗？

恋爱第四年，你们还深吻吗？持续一分钟以上的那种。

或者你觉得婚姻很累，扪心自问一下，结婚后，这四件小事儿：牵手、抱抱、说“我爱你”、亲亲，在你的生活里出现的频率有多少？

其实你怨不得婚姻油腻了，而是你连恋爱里的一些小事儿都不愿意去做了，这些最亲密的动作，谈恋爱的时候，那是真甜啊！

可是，“婚都结了，谁还愿意花时间谈恋爱啊！”

我想起一个火锅，它咕嘟咕嘟地冒泡，你可以涮毛肚、涮肥牛、涮娃娃菜、涮鸭血，你觉得汤够热了，断了电，然后汤就凉了，上面飘了一层油，再涮什么都起腻了，干吗不小火一直温热着呢？

不知道从什么时候开始，你觉得他不爱你了，或者爱得不明显了，你不是也很久不对他释放魅力了吗？

你敢抹了口红偷偷地亲他一下吗？

你敢突然从他的背后熊抱他吗？

你敢再认真地说一回“我爱你”吗？

你敢仔仔细细地打扮得让自己更漂亮一点吗？

你敢拥有自己的兴趣和生活吗？

你敢让自己变得更温柔一点吗？

道理你都懂，只是你连一件小事儿都不愿意再去做了。

抱怨确实比改变简单多了；找理由推卸责任比承认自己错了简单多了；吵架比理解对方简单多了。

你说，柴米油盐打败了爱情，怎么别人的爱情里就有糖呢？

你说，细节打败了爱情，怎么别人的爱情里就那么甜呢？

哪有什么高甜的婚姻啊，不过就是有些人依然选择做一些让对方开心的小事儿而已。

今天一件、明天一件，坚持本身没什么了不起，可是加了点“心里有你”的爱，就甜了。

以前，有个朋友，从结婚开始，每天无论多忙，都会折一个纸鹤给他老婆，他老婆就收起来放在纸盒子里，后来小纸盒变成了大纸盒。

有一次，他老婆把纸鹤放在了桌子上，一忙，忘记放盒子里了，纸鹤被女儿打开了，里面写着一句情话。

那一天，他老婆才知道，每一只纸鹤里都有一句情话。那时候，他们结婚 5 年了。

甜吗？那只是他们日常生活里的一件小事儿而已。

对啊，婚姻本身就是没啥味道，可是做了一些简单的小事儿，就甜了。

29

你是我漫漫余生中
斩钉截铁的梦想

快乐这东西，很难讲，

就是领会到那么一个彼此都懂的梗，就笑了。

1

跟一个姑娘谈恋爱越久越发现智商被碾压，这就是婚姻。

我很少许诺，能做到的我都是默默去做，其实疼一个姑娘，她能感受得到，哪怕你和她经历了大风大浪，她都会笑着跟你说："老公，把帆扬起来，我们的梦想是星辰大海。"

这些年，我媳妇虐我千百遍，我还待她如初恋，倒不是因为我这人脾气好，温文尔雅，最主要的原因是我打不过她，毕竟她报了我们家楼下的跆拳道班。

当然有时候我们吵架，她也有求着我的时候，跪在床边，特别虔诚特别有诚意，她说："求你了，老公，你从床底下钻出来吧，我保证不打你了。”

我笑着说：“你写个保证书。”

想起许多年前我们刚恋爱的那会儿，汇泉广场有一个品牌活动，买两瓶可乐可以玩全场的游戏，其中有一个游戏提供的用品里有蜡笔和纸，那天，我们画了一张结婚证，上面签了名字。

那天，她笑着问我：“你保证将来一定会娶我吗？”

我笑着说：“这结婚证就是保证书。”

她问：“万一我弄丢了呢？”

我说：“丢了，就不娶你了。”

那天坐公交车送她回家，她紧紧地攥着那张“结婚证”，我觉得她特别可爱，以至于许多年以后，我们吵架，我偶尔也会想起那个时候的她，白天吵了架，睡觉前还互不搭理，半夜迷迷糊糊地就抱在了一起。身体和习惯最诚实，这就是婚姻。

2

我写过无数爱情故事，但是我不知道怎么去定义婚姻。

我所能想到的都是生活里琐碎的事儿。

我一年的稿费收入只有100多块钱的时候，媳妇笑着说：“我养你啊！”

我结婚的时候，丈母娘笑着说："我不要彩礼，你对我女儿好就可以了。"

我创业失败的时候，媳妇笑着说："你想哭就哭啊，来，给你一个抱抱。"

媳妇怀孕的时候，她夜夜睡不好，顿顿吃不好，还笑着安慰我："没事儿。"

媳妇从产房出来的时候，她笑着说："不疼。"

她是那个因为我没钱坐车，跟我从人民广场走几里地到铁路小区的姑娘；她是那个我给她点一个炸鸡腿，就开心好几天的姑娘；她是那个没有结婚戒指没有婚纱照，就肯嫁给我的姑娘；她是那个我穿越大半个中国也要娶回家的姑娘。

如果非要说婚姻有点什么意义，那就是，有一个人见证了我的人生，她见过我所有糟糕的样子，还是奋不顾身要嫁给我。后来，我想，不是她傻，而是我真的幸运。

我特别欣赏媳妇的一点是，她说："过日子不能凑合，猪肉都有了，还差那一把小葱吗？饺子都有了，还差那一碟蘸醋吗？麻辣小龙虾都有了，还差那两瓶冰镇啤酒吗？

"你凑合不要紧，可是你想过吗，猪肉没有碰到剁碎的小葱，它有多伤心吗？饺子没有碰到蘸醋，它有多伤心吗？小龙虾好不容易熬过了锅里的'麻山辣海'，你却说，桌上没有啤酒，它能开心地从锅里跳到盘子里吗？

“拜托，过日子你要用点心，这都是顺手的事儿，无论多晚都要把家里收拾干净，所有东西归位，这样才不会影响第二天的生活。你留着一大堆没洗的碗，第二天早餐前再洗，这样开启新的一天，你说闹不闹心？”

我觉得我媳妇说得好有道理，然后我就去刷碗了。

3

以前，跟朋友喝酒聊天，我问朋友：“为什么支持媳妇创业？”

朋友说：“媳妇喜欢。”

我问：“如果有一天你媳妇跟你的事业发生了冲突，你会无条件支持她吗？”

半年后，朋友用行动给出了答案，他辞职在家做起了全职的家庭煮夫。

我俩碰面聊天的画风越来越诡异，从货币战争聊到千层酥饼；从降维攻击聊到蒜香脆皮鸡；从新零售电商聊到红烧肥肠；从知识付费聊到麻辣虾尾。我们聊鸡蛋的价格走势，聊什么时间去菜市场买菜最合算，奇葩的是，居然聊得很兴奋，我越来越喜欢一句话：干一行，爱一行。

他问我：“你后悔当家庭煮夫吗？你还有以前咱们熬夜加班搞项

目的热血吗？你还知道你的梦想吗？”

我想了很久，很久，还真是说不清了。

他笑着说：“你这是带发修行，很佛系。”

我说：“再穷不能穷婚姻，再苦不能苦妻子，这世界很大，她想玩，就去玩，但是，我希望她回家的时候，饭是热的，心是软的。如果她被欺负了，我可以随时穿上铠甲为她征战，咱们不怕，你说她能闯多大的祸？我想起一句话，大丈夫行事，论是非，不论利害；论顺逆，不论成败；论万世，不论一生。”

我们时常也会接一些私活，每一次，我调侃他说：“把咱们吃饭的家伙什拿出来擦擦。”

他问：“你不甘心做一个家庭煮夫。”

我回答说：“不是，吃饭的手艺不能丢，当这个家需要你的时候，你可以随时出征，咱们的口号是什么？”

他笑着说：“再穷不能穷婚姻，再苦不能苦妻子。”

穷，不心酸，心酸的是不被理解。

我很少见一个姑娘因为穷离开一个人，见的更多的是不被爱，时间把她的安全感耗尽了，我们都敢过苦日子，却没人敢过不被爱的日子。

婚姻不能穷的不是物质，而是精神，你必须让她知道，你有多爱她。

他老婆问他:“你怕不怕，我输得倾家荡产，一无所有?”

他说:“不怕。”

他老婆问:“你哪来的底气?”

他笑着说:“你不会一无所有，你还有我。”

他老婆问:“你干吗对我那么好?”

他说:“答应我，以后别在我看不见的地方哭，因为我抱不到你，无论你多难受多委屈，回咱们家里哭。”

婚姻里，老婆开心了，其实大部分事儿就做对了。

4

有朋友问我，结了婚天天腻在一起会不会很无聊。哪有那么多的话题要聊?

你跟喜欢的人在一起，哪怕是同一个笑话听10次，还是会笑;哪怕是同一个故事讲20遍都不会觉得乏味，因为快乐这东西很难讲，就是领会到一个彼此都懂的梗，就笑了。

很多时候我会跟我媳妇聊天聊到凌晨三四点钟，而且越聊越兴奋。

聊昨天吃的葱油面，聊工作，聊笑话段子，聊她追的《权力的游戏》，聊综艺节目，聊我们的理想，聊她新买的化妆品，聊我的新书，聊中学时代，聊她的同学的故事。

聊我新学会做的卤肉饭，聊我们家的狗和猫，聊旅行，聊街口新开的枣糕店，聊流行歌曲，聊港台老片，聊彼此的迷茫，聊未来的模样。

聊小时候开心的事儿，聊犯过的错，聊吃过的最奇葩的食物，聊孩子去哪一个幼儿园，聊家长会谁去开，聊给过去的一张 CD，听听那是我们的爱情。

聊到最后，我们都饿了。

那天凌晨，天空泛起鱼肚白，我问：“煮碗面吃？”

媳妇笑着回答：“加个荷包蛋。”

你开始爱的时候，上天会给你三次机会，抓住一次就好了。第一次你奋不顾身去爱，你以为抓住大螃蟹就抓住了最肥的秋天；第二次你蜷缩身体开始只爱自己，你以为尝过脆皮春卷就卷起来不再受伤害；可惜还有第三次呢，婚姻可不是儿戏，它不会等你准备好所有的菜才下锅，你遇见了，那就是最好的时候。

结婚本身没什么值得骄傲的，可是娶到了你，那是麻辣香锅里吃到鱼丸、一品生煎蘸到醋辣酱、酥蛋挞咬到黄桃，你说，惊不惊喜？喜欢的一切如约而至，那种碰面简直是对过往最好的赞美。

总结一下，有句话说得挺好：无论我本人多么丑，一想到我的世界还有你，这世界就美得不像话。

30

量力而行，
才是一个人对生活最大的温柔

我们总是一而再、再而三地向生活讨要标准的配置，

其实到头来，我们两手空空什么都给不起。

1

如果你身边的人都结婚了，你没有；如果你身边的人都月收入过万了，你没有；如果你身边的人都过得挺好，你没有。

然后呢？身边人的生活可以指导你什么呢，你也应该结婚、月收入过万、过得挺好吗？

这些年，我们突然陷入了一个误区，就是拿身边人当成生活范本，然后努力过成身边人的样子。

你有没有问过自己：你能给婚姻中的另一半什么？你能给月收入过万的工作什么？你能给过得挺好的生活什么？

我们总是一而再、再而三地向生活讨要标准的配置，其实到头来，我们两手空空什么都给不起。

以前跟朋友说过一句话，你想要月亮，至少要跳一跳，伸一伸手，就算你最后够不到月亮，你也得到了一身月光。

仔细想想，你没有结婚，没有月收入过万，生活过得一团糟糕，为什么还有人愿意拿你当朋友呢？因为你也有一身月光，很迷人。

只是有时候，大家盯着月亮久了，就忘记了每个人都有值得别人羡慕的一身白月光。

2

我曾经思考，我痛苦焦虑什么？是我不敢承认那些我想要的生活，我没能力得到。

是我不敢承认我喜欢的人，不喜欢我。

是我不敢承认朋友比我优秀，更适合那份工作。

是我心里明明有了一点小嫉妒，嘴上却笑着说我没有。

我也曾偷偷努力过，可是见效没那么快，然后，心里有点慌了，我怕我离想要的生活、要好的朋友、喜欢的工作，越来越远。

越努力就越慌乱，你看啊，连身边人那些标准的生活我都难以拥有。

突然某一刻，我失去了信心，开始怀疑自己，我是不是不配拥有这一切呢?

有一天，我跟自己说，算了算了。

那不是我的节奏，我本来就不是那种熬夜突击学就能考到好成绩的人，慢一点吧，看看我手头上哪一块是短板补一下。

我真的是那种丢了羊才想起补羊圈的人。我盯着羊圈的窟窿，有些难过。

有一个背着柴的人看见我，问我，羊丢了?我点点头。然后他把他的柴给我一些帮我补好羊圈，然后我送给他一只小羊羔。

后来我再也没有丢过羊。

后来他领着小羊去砍柴，有一天，他跑来告诉我，后山有一大片草地，草长得又鲜又嫩。

我丢了那个跟我一起放羊的人，我认识了一个砍柴的人。

可能这就是生活吧，有一瞬间会失落，我再也没有和人比谁放的羊多，谁的羊长得又胖又好看。

可是，有一个人跟我说，你砍柴的样子好像一个樵夫啊!

我问他，你有什么梦想吗?

他说，劈柴，喂羊，周游世界。

3

当我重新审视自己的能力去生活，突然发现生活友善了很多，它会让我遇见合适的人、合适的工作；它会让我把时间花在我擅长的事情上；它会让我遇见惊奇的事物；它会让我能体验让自己心里咯噔一下的感情；它会让我尝到哎呀妈呀真香的日子；它会让我对自己的人生感到骄傲和开心。

那时候我才意识到，从前我是圣女果跳进了装西红柿的筐里，非要跟鸡蛋谈一场奋不顾身的恋爱。

我是大柚子非要学柠檬跳槽，去跟秋刀鱼打交道。

我是一只嘎嘣脆的大萝卜，瞎冒充什么进口大香蕉呢。

原来量力而行才是一个人对生活最大的温柔。就算暂时没有得到想要的生活，也不担心从头再来。因为我知道在我的能力范围内，我一定能抓住我想要的。

原来适当的放弃，才是对自己最大的尊重。

那些偏执不甘心的梦啊，让你我这些年一点也没好受过，你不能说它错了，只是我们得承认至少目前它不属于你我。有些朋友注定会跑出你的视野；有些工作注定会与你擦肩而过；有些爱而不得注定是你很久以后的遗憾，可是，这就是生活啊。

我们应该庆幸那些手里握住的，那些才是构成我们生活的重要组成部分。至于身边的人，我不知道他们付出了怎样的辛苦才拥有了今天的一切，但是，恭喜啊。

我们都在用自己的方式努力过着一个普通人的生活而已，我对得起自己的能力、对得起自己受的苦，不把自己扔在比上不足比下有余的烦恼里，问心无愧。

所以，后来的日子也未曾辜负我。

31

生活那么苦，我结婚为敬

想想，婚姻真是刺激啊！

你永远不知道你的哪一项潜力被婚姻激活。

1

大量的数据研究证明：甜蜜的夫妻关系大多因为长期的正面赞美和让彼此开心。

在我们家，端上桌子的菜不准有人做出“难吃”“不好看”“看上去没食欲”等负面评价，“还行”“凑合”“有点清淡”这一类的中性词也不行，必须用充满正能量的词汇来形容，比如“大快朵颐”“回味无穷”“垂涎欲滴”。

同时，也不能重复使用一个词来形容。在我做菜的一个月里，我媳妇的词汇量猛增，涨势喜人。

有一天，媳妇忍不住了说：“要不换我做菜吧！”

我问她："你吃不惯我做的菜吗？"

媳妇说："夫妻之间说这么伤感情的话干吗！是中国文化博大精深，我吃不透啊！"

然后，我媳妇开心地下厨了。

按理说，我媳妇是内蒙古人，以我丈母娘对美食的研究，什么酸菜排骨、豆角焖面、锅贴饼子，信手拈来，不在话下。我媳妇从小耳濡目染，即使学会三分，我也是有享不尽的饕餮美食啊！

只是等到我媳妇做的菜端上桌我才知道，她学会的三分能耐是百分制的啊！怎么办？

媳妇笑着问："好不好吃？"还坚持要做菜，后来，我也成了半个作家，一年写了 5 本美食书，看别人写的故事需要擦眼泪，看我写的故事需要擦口水。

想想，婚姻真是刺激啊！你永远不知道你的哪一项潜力被婚姻激活。

2

有一天，媳妇跑到书房问我："你今天心情好吗？"

我说："好呀！"

然后，媳妇笑着说："洗碗拖地晾衣服，你选一个。"

有一天，媳妇又问我："你今天心情好吗？"

我长记性了，我难过地说："不好。"

媳妇说："买菜做饭拿快递，你选一个。换换环境，换换心情，你就是憋在家里太久了，去楼下走走，晒晒太阳，买个菜做个饭，你忙起来，就把不开心赶走了。"

有一天，媳妇又来问我："你今天心情好吗？"

我无比警惕，岂能在同一个问题上连输三回，我笑着说："你先说有什么事儿，我再决定开不开心？"

媳妇笑着说："没事儿，就是突然有点想你。"

我问："你今天怎么这么甜？"

媳妇接着问："开不开心？"

我回答："开心。"

媳妇哈哈大笑，说："收拾满地的玩具和带儿子去读绘本，你选一个？"

生活好像挺苦的，一大堆麻烦的家务要去做，但媳妇总知道我的笑穴在哪里，就像我知道她的死穴在哪里一样：没有好吃的东西解决不了她的难过，如果有，只有两种情况，要么不好吃，要么不够吃。

她总是能找到各种奇怪的理由去吃，路过水果店，她不走，也不说要买什么，然后，她会笑着说："那只榴梿跟我的风衣好搭；那些草莓跟我的口红一个色号；那些车厘子像不像我两年前丢的那对耳环？"

路过烧烤店，她也不说吃，就说："你看那场烟雾，像不像郭襄

‘风陵渡口初相遇，一见杨过误终身’？”去吃火锅，她不说要加菜，就笑着问我：“你看，让锅自己咕嘟咕嘟地沸腾着，是不是有点儿不礼貌？”

我说：“想吃就买，不够就加。”

媳妇一下子急了，说：“嘘，小点声，被身上的肉‘听见’了那还得了，我得趁他们不注意的时候吃。”

这些年，我们家有一个奇怪的默契，就是不管哪一天，都要保持至少一个人是开心快乐的，然后这个人就会去影响另一个人，要是两个人都难过的话，这日子是不是就苦了。不，我还有儿子，一个职业假嗨选手，有时候，他做梦会把自己笑醒，他照一下镜子就能把自己笑趴下，他能因为把乐高拼得比自己还高就笑得哈哈哈。

儿子问我：“为什么不开心？张开嘴就能笑。”是啊，干吗非要找一个理由开心呢，张开嘴就能大笑，多简单啊！可是，成年人怎么能懂这个道理呢，成年人每天都要咽下一堆的委屈，怕一张嘴，先哭了出来。

然后儿子张嘴哈哈哈大笑。我一看他笑的样子就知道，嗯，今天又是晴朗的一天。

3

我会把每天看到的一些书、一些有趣的观点跟媳妇分享，有时候一聊就是一两个小时，想起什么聊什么，有时候，儿子先睡了，会聊到半夜两三点。媳妇居然不嫌弃我唠叨，简直是真爱啊！

有一天，我问媳妇："你知道爱斯基摩人为什么不接吻吗？"

媳妇摇摇头。

我笑着说："一看你就是冬天没吃过雪糕，没舔过大铁门，会粘在一起啊！一开始，他们叫基摩人，不知道每次接吻都会把嘴唇撕破，后来他们为了提醒后代，就改叫爱斯基摩人了，然后，改成碰鼻子。他们碰鼻子特别有意思，你过来我给你展示一下。"

媳妇把头凑过来。然后，我俩四目相对，就那么看着，有一瞬间时间是静止的，媳妇突然笑着说："原来我在你眼里这么好看。"

我说："你好好吃，再吃下去，我眼里就放不下你了。"

媳妇说："你不爱我了，居然嫌弃我胖。"

我拍着胸脯，笑着说："没事儿，你尽管放心吃，我心大，肯定能放得下。"

然后媳妇开心地笑了。

我说："现在这个气氛，不亲一下的话，是不是不礼貌？"

我曾看过一个奇怪的理论，人脸上的皮肤和肌肉有记忆功能，你的开心和难过，脸都知道。每一次快乐都很短，你想让皮肤和肌肉记住，就得多努力，去开心，嘴巴为什么对甜上瘾，因为你亲过一个人，嘴巴就记住了。

那个很甜的人，让你一生上瘾啊！

32

可以互相拆台，但不要让对方下不来台

婚姻里最有意思的挑战就是，可以互相拆台，

但是从不让对方下不来台，这是一项技术活。

1

我们家有一款经久不衰的游戏，叫“挑战”。

比如儿子要喝酸奶，媳妇要吃辣鸭脖，可是家里没有，这时候，“挑战”这个游戏就发挥作用，我说，我挑战一下，10 分钟我就能买回来。

两部手机同时定时 10 分钟，然后我下楼跑去便利店，时间真的是嘀嗒嘀嗒在倒计时，这游戏刺激啊！

我家住高层，万一两部电梯都在一楼，这是扣分项；路上碰到熟人，要不要打招呼，说几句话，扣分项；冲到楼下的便利店，酸奶选什么牌子，鸭脖要哪一款都是有讲究的，选不好白跑一趟，选

完，立马结账走人吗？不刺激，不惊喜。

肠卷卤蛋八宝粥、豆干红茶泡椒风爪，了解一下；圣女果芒果苹果、草莓蓝莓蔓越莓，了解一下；啤酒饮料矿泉水、花生瓜子火腿肠，了解一下。

作为一个爸爸，一个掌握了全家采购大权的爸爸，一定要充分了解用户的需求，尤其是抓住媳妇微笑背后那个“等”字的意味深长，比如，媳妇说，我想吃辣鸭脖等。等什么，这明显是捆绑陷阱！知识点啊，朋友们！有道是，啤酒配鸭脖，越吃越活泼。鸭脖配红茶，吃完跳恰恰。一个鸭脖不足以摆平一个想要吃麻辣口味的女人，试试鸭肫鸭头鸭肠鸭架，海带腐竹鱼豆腐，了解一下。

所以，我必须要在跑向便利店的路上搭配好即将要买的东西，然后计算出货架来回穿梭最短的距离，行动要快准狠，每一次出手都是一击必中。等所有东西都挑好，然后看一眼手机上的倒计时时间，一切尽在掌控中，优雅、淡然、冷静地结账，然后撒丫子跑啊，使劲跑，就行了。

回到家，倒计时刚好走完 10 分钟，那种成就感实在是太刺激了。

这世上有无数个 10 分钟，有的人在奔向自己喜欢的人；有的人刚刚吃完一碗拉面；有的人终于拿到了梦寐以求的入职通知，每个人都有光明的未来。我跟他们不一样，我眼前一黑，腿一软，一屁股坐到地下，抱着一大袋子零食负重奔跑是真累啊！

你看，哪有什么岁月静好，还不是有人替你负重前行。

2

有一天，媳妇突然想买车，经过各种研究，终于找到一款满意的车型，去 4S 店试车，儿子也很喜欢。试完车，觉得有点贵，犹豫不决，销售员说，现在提车的话，还可以申请优惠。

怎么形容呢，就是你揣着 10 块钱去吃麻辣烫，可是你看上一碗 30 块钱的大碗牛肉面。

我突然想起一个有趣的游戏，我问媳妇："你是不是特别想拥有一辆车？"

儿子说："买白色的。"

我说："行，这样吧，你要不要接受一个挑战？"

媳妇问："什么挑战？"

我说："很简单，你只要保证 30 天内不生气，咱们就买。你也知道，'路怒症'有多可怕。"

媳妇说："这个提议好。有啥要求吗？"

我说："你只要生气一次，就从你买车的款里扣钱，小生气扣一千块，大生气扣一万块，你要不要挑战一下？"

然后我蹲下来跟儿子说："你要不要跟妈妈一起拥有一辆白色的汽车？"

儿子十分兴奋地点点头。

我说："你要不要跟妈妈一起接受挑战，30 天不生气，就是 30

天内不准瞎胡闹、不准乱发脾气、不准哭闹，只要30天内做到，你和妈妈就可以一起拥有一辆白色的汽车。如果你违背了这个挑战，就要从妈妈的车款里扣钱，你同意吗？”

儿子开心地说：“同意。”

然后，挑战第一天，我媳妇突然变得无比温柔可爱，儿子变得无比伶俐乖巧，你看，所谓情商高，就是得加钱。

然后，我开始憧憬拥有一辆车后兜风的样子：打开车顶窗户，那就是满眼星空，去海边兜海风、去山上兜山风、去森林里兜林间风，想和你再去吹吹风，虽然已是不同时空，还是可以迎着风，随意说说心里的梦。

30天过去了，挑战结束，我把车款交给媳妇，儿子如愿以偿地拥有了一辆白色的“汽车”——敞篷小跑，对，就是小跑助力一下，单脚往地上一蹬，然后嗖的一下就滑出去了，速度与激情，都有。

我问我媳妇，什么感想？

媳妇说：“我的SUV一个月就变滑板了？”

我说：“以儿子的脾气30天还能剩两个轱辘，不错了。”

媳妇说：“你是不是早就料到了？”

我说：“你想买车的话，你也不会接受这个挑战。”

媳妇笑着说：“你是不是早就看出来其实我很穷了，可为什么不提醒我？”

然后我们哈哈大笑，突然觉得这种感情状态真好，穷也穷得不亦乐乎，穷也穷得理直气壮，最重要是穷得心有灵犀，不用死要面子让自己尴尬，对方给一个眼神，你就知道该给他找一个什么样子的台阶下。

结婚愈久你愈会发现，心意就越容易相通。

有一天，我从楼下的超市买了水果蔬菜回家，媳妇说跟她买的一模一样。

真的很神奇，连买的数量几乎都一样，关键是里面有一样是砂糖橘，我们都不可能数一数要买多少个。

我笑着说："你认为这是夫妻多年来的默契吗？"

媳妇笑着立马补了一句："不，是因为楼下超市能买的基本上就这几样。"

然后我们也不知道这个梗哪里好笑，就是相互笑得不行。

好像婚姻里最有意思的挑战就是：可以互相拆台，但是从不让对方下不来台，这是一项技术活。

33

当你能够接受那个真实的对方，才算是真实的爱情

后来，你接过的每一个吻，再也没有初吻那般甜蜜心动，

但是，每一次都让你特别的心安舒服。

1

有一天，我叫我媳妇，我叫一声，她回答一声。

叫了几遍，她问我：“怎么了？”

我笑着说：“没事儿。”

媳妇生气地说：“我又没掉魂，你瞎叫什么？”

我说：“你掉没掉魂我不知道，但是，如果叫你你没答应，我可能就掉魂了。”

我不知道你们有没有那么一种感觉，就是叫一个人的名字她回答了，就很心安，像是听到春天的布谷鸟叫，夏天的蝉鸣，秋天的蛐蛐叫，冬天梅花落下的声音。其实四季很普通，冷暖都是因为有

回应。

媳妇笑着说：“你这情话说得没水平，重说。”

我问：“说什么？”

媳妇接着：“我没心动啊！”

我说：“怎么才能让你心动呢？”

媳妇说：“完了，完了，你不爱我了。”

我问：“中午去吃火锅？”

媳妇没反应。

然后，我又说：“去吃烤鸭，好不好？那酥皮配着嫩肉蘸点小白糖，再加个京酱肉丝，细丝的葱花段打底，上面铺上肉丝黄瓜条和馓子，全部卷在薄饼里；再加个酸汤龙利鱼，汤要够酸辣；白灼一个菜心全当解腻；再来俩甜筒，左手一个，右手一口，只咬尖。去不去？”

媳妇回答：“别说了，心脏受不了。”

2

我跟媳妇商议，等儿子大一点给他报个什么特长班。

媳妇说：“去报个厨师班吧。”

我说：“你这话锋不对吧，等孩子上学了，六一儿童节表演，人家谁谁弹吉他、谁谁弹钢琴，多优雅多绅士，谁谁再不济唱个歌、跳个舞，你儿子倒好，一回家，就说‘妈，明儿六一，给我准备一口锅，我表演做三菜一汤’，合适吗？”

媳妇说：“光想想那画面，就感觉很好吃啊！报什么班合适呢？报个川菜学习班吧，我要把怀胎十月戒的辣椒吃回来。”

我说：“算了吧，还是学做粤菜吧，你看广州菜里的白切鸡、蜜汁叉烧、老火靓汤、煲仔饭；潮州菜里的潮汕牛肉火锅、芙蓉虾、沙茶牛肉；东江菜里的客家酿豆腐、梅菜扣肉、猪肚包鸡。鲁菜也行啊，什么糖醋鲤鱼、芙蓉鸡片、葱烧海参、九转大肠、汤爆双脆，我不挑食的。”

媳妇笑着说：“关键是锅比吉他、钢琴便宜啊！”

这么机智可爱的小媳妇也是没谁了，亲子教育省钱都省得这么居家，再也不用担心夏令营了，往后我们家野炊，别人家小朋友出国游玩长阅历，我们家厉害了，出锅啤酒鸭炖雪梨。

3

媳妇说：“你去拖地，我去洗衣服。”

我说：“凭啥你用全自动的，我就得全人工啊。”

媳妇说：“洗衣服麻烦啊，你看，三个人的衣服要分类，再扔进洗衣机、放洗衣液，洗完还要晾衣服，晾干的衣服还要分类整理，复不复杂？你看，你拖地就俩字，我洗衣服可是三个字啊，你说哪个累？”

我笑着说：“你少用语言上的复杂掩盖你偷懒的事实。咱家哪个电器不是人工智能的，你对着冰箱喊一声，我要吃雪糕，雪糕立刻递到你手里。”

媳妇说：“你还真好意思说，哪一次不是收了‘过路费’的，我吃过一个完整的雪糕吗？！喝过一瓶完整的酸奶吗？！吃过一块完整的巧克力吗？！”

我笑着说：“这不能怪我，市场经济中间商是要赚差价的。”

后来有一天晚上，我从冰箱里拿了鸭脖和酸奶正想吃，媳妇跟儿子那小眼神盯得真紧啊。儿子问我：“你拿这两个东西究竟干什么呀？”

幸亏我机智，我说：“我就是量一量这两个东西的尺寸跟我的胃合不合适。”

然后，儿子直接从我手里拿走了酸奶和鸭脖，然后把鸭脖递给了我媳妇，媳妇笑得跟要蹦起来的爆米花似的，我就懵了，我说：“爸爸也是亲生的啊！”

儿子笑着把酸奶递给我，果然，儿子还是爱我的，我热泪盈眶。没白养，孔融三岁知道让梨，儿子知道让酸奶，令我很欣慰啊！

然后，儿子笑嘻嘻地说：“爸爸，帮我打开。”

我眼泪都含在眼眶了，继续往下流呢，还是不流呢？

再看我媳妇，左手一只鸭脖，右手一只鸭脖，啃得那叫一个欢乐啊！

这一瞬间，百感交集，我还能怎么办？老婆自己娶的，儿子自己亲生的，含着泪也得宠下去，感觉生活好艰难啊！

我打开酸奶杯递给儿子，儿子没接住，酸奶杯掉地上了，酸奶洒了出来，我赶紧拿纸擦，儿子也帮着擦，一阵手忙脚乱，我跟媳妇说："你好歹帮一下忙啊！"

媳妇稳如泰山，左手一只鸭脖，右手一只鸭脖，啃得还是那么带劲儿，然后笑着说："术业有专攻。"

术！业！有！专！攻！

这种酸奶瓶子倒了都不扶的媳妇，想添两瓶子酸奶送出去，最多再加一盒辣鸭脖。

4

渡边淳一有本书叫《男人这东西》，里面有段话让人印象深刻：总之，所谓婚姻并不只是一对相爱男女的结合。他们相互间扮演着父亲、母亲或朋友的角色，必要时各自展现出孩子般天真幼稚的一面，如此等等都是婚姻的组成部分。如果没有这些，恐怕很难称得上是真正的婚姻。

我也不知道婚姻应该是什么样子，反正你只要抱着认真的态度去过日子，日子也没那么糟糕。

时间会把两个人的优点、缺点扔进婚姻的锅里，熬啊熬，熬啊熬，慢慢地有了默契，慢慢找到了相处不累的方式，开心也好，吵架也好，碰到困难一起解决也好，两个人相视一笑，所有恩怨一笔勾销，日子接着过。

后来，你接过的每一个吻，再也没有初吻那般甜蜜心动，但是，每一次都让你特别心安舒服。

我所理解的婚姻就是过日子，开心一天是一天，不开心，睡一觉，明天重新过，反正来日方长。我不相信日子都是苦的，我这么可爱，生活敢给我一点甜头，我就敢做糖醋鱼、糖醋里脊、糖醋小排、糖醋鸡翅……哦，糖好像不够了，没事儿，明天再去赚点糖。

34

爱情好讨厌，
还好你很可爱

生活，归根结底是残酷的，爱是我们对抗残酷唯一的生存工具，

所以，每一次美好的瞬间都相当于给爱加血加能量。

1

有一天，闲着没事，我问媳妇，有没有那么一瞬间，你觉得结婚是一件特别美好的事？

她说，有啊，醒来的时候听见你在厨房忙，阳光照在被子上，猫在伸懒腰，狗打了一个哈欠，接到妈妈的电话问，现在孕吐还很厉害吗？

她说，你出差回来我去火车站接你，站在火车站东出站口看着一大群人往外走，想想里面有一个你，自己就站在那里傻笑，然后你向我招手。

她说，每一次我因为各种烦心事委屈得哭的时候，每一次我害怕不知道该怎么迎接小生命、怕万一养不好怎么办的时候你总是咧

着嘴，笑着跟我说，不是还有我嘛。

其实，把所有美好的瞬间打碎了糅在生活里的每一天屈指可数，生活，归根结底是残酷的，爱是我们对抗残酷唯一的生存工具，所以，每一次美好的瞬间都相当于给爱加血加能量。

我问媳妇，那没有那么一瞬间，你觉得离婚其实是一件特别美好的事？

她说，有啊，你打翻了酱油，弄得灶台一团糟；猫在磨爪子，抓破了被罩；狗在屋里转圈跑，狗毛满天飞；接到物业的电话，这个月该交暖气费了。

她说，每一次吵架看你坐在那里傻笑一句话不说，我就气得不行，你不知道一个巴掌拍不响吗？你好歹回我一个击掌啊！

她说，你不给狗洗澡、你不给猫换猫砂、你睡到日上三竿、你吃葡萄不吐葡萄皮、你炒西红柿鸡蛋糖放得太多……总之，细想的话，大概能找到100个离婚的理由吧。

我问，可是我们为什么没离婚？

她说，爱情好讨厌，还好你很可爱。

我笑着说，那你夸我一句啊！

她说，真羡慕你，娶了一个可爱的小媳妇。

其实，把所有负面情绪的瞬间打碎了糅在生活里的每一天屈指可数，过日子，归根结底是追求幸福，所以爱可以抵御一切侵蚀，你说，谁的生活里没有琐碎、委屈和不甘，关上门，柴米油盐，日子还得好好过。

如果你抱着不认真的态度在婚姻里生活，生活一定会给你一个惩罚，抬头看苍天，它饶过谁啊。

2

有时候，我跟媳妇吵架，吵到最后，谁都不理谁。

我沉不住气，于是就去买很多好吃的，什么卤豆干、烤猪蹄、辣鸭脖、榴梿、章鱼小丸子，虎皮鸡爪，装满一大袋子拎回家。

媳妇说："哎，你每次都让它们来替你求情，我又不好驳它们面子。你看，把蹄筋委屈的，榴梿酥咧着嘴都难过得要哭了。小丸子，你又来了，好久不见，豆干，你下次别来了好吗？你知道的，咱俩不合，我喜欢麻辣味的。底下的鸡爪子，让我看到你们的双手，好吗？'"

然后媳妇一边吃，一边跟我说："下次吵架，你能不能走点心，咱家楼下新开了一家糖炒栗子店。"

我说："不吵了。"

媳妇问："为什么啊？"

我难过地说："红包里余额不够了，吵不起了。"

有时候，我被媳妇气懵了，我就说："你信不信，我能分分钟打哭你。"

媳妇挑衅地说："你打一个试试。"

我掏出手机，打开微信，立马给媳妇转账，然后说："打给你521块钱，是不是分分钟感动哭了？你看，我还是爱你的。"

媳妇一脸倔强地看着我，突然说："你哪来的钱？"

对啊，对于一个没有钱包、银行卡上交的男人来说，哪来的钱？我也很费解。说微信红包6周年庆送的，还是小马哥过生日送的？

我百口难辩："我——我——我——。"

媳妇说："我什么我。"

我突然觉得有时候自己很机智，说："我——我——我们都有一个家，名字叫中国，兄弟姐妹都很多，景色也不错。"

3

这世上有一种不幸，是我媳妇有一个不靠谱的老公，永远在过一种想一出是一出的日子。

媳妇怀孕了，我说，我关掉广告公司，陪你。于是，开了七年多的广告公司关掉了。儿子快一岁半了，我说，我想带你们娘俩出去走走，不如我们卖掉房子，能走多远算多远？

媳妇问："你真的喜欢旅行吗？"

我说："也许吧，一家人走在路上，有风有雨，去经历一种生活，一辈子围着李村河走一万遍，不如去塞纳河边走一遍；从菜市场买一吨龙眼，不如去坐坐伦敦之眼；你去李村公园走走，也应该去看看林肯公园，生活应该有无数种样子。”

这世上有一种幸运，就是能娶到一个愿意陪自己疯陪自己闹的好姑娘。无论我做了多么荒唐的决定，她都笑着支持我。我问她：“你不害怕这种颠沛流离的人生吗？”媳妇笑着说：“自己嫁的老公，含着泪也要过完这辈子。”

结婚后这两年，我没有工作，或者说我唯一的工作就是全职家庭煮夫，我有逛不完的菜市场和做不完的一日三餐，我知道，我回不到职场了，索性就把做饭做成了一种职业，一鼓作气写了好几本关于美食的书。

虽说很多世人想做大英雄，我却越来越爱上了厨房，索性不如就给老婆孩子洗手做羹汤吧。虽然也常常因为放多了盐而吵架，却也常常因为炒出了新菜而惊喜，傍晚的夕阳会穿过窗户，照在我家厨房的抽油烟机上，那是我一天中最开心的时候。

菜端上桌，媳妇说：“如果有一天你厌烦了那种行走在路上旅行的日子，没事儿，回家，我再陪你安守清贫过日子，反正我很好养活的。”

我说：“我信了你个大头鬼，房子都卖了，哪来的家？”

媳妇说：“你在哪儿，哪儿就是家。”

我转身，去切洋葱了。

4

前两天，我跟媳妇讨论，怎样过一个快乐而油腻的中年？

她说，很简单啊，有事干，有人爱，有所期待。

好像结婚这两年她变了很多，生完孩子以后我怕她抑郁，建议她做点自己喜欢的事儿，她去老年大学学国画学素描，学费便宜，老师水平又高，她去考驾照、去学吉他、去学英语，她有了很多很多的计划。我一度以为学费会很高，其实不是，当你开始学习的时候，你总会找到物美价廉的课程，有些甚至还是免费的。

她突然像是一个回到18岁的小姑娘一样对未来充满了无限憧憬，甚至她一度问我，要不要重新参加高考，考个艺术院校，继续去上学。

我说，你喜欢，那就去考，我带着儿子住你们学校对面，偶尔去蹭课。

她问，你会不会很累，又养儿子又养“女儿”？

我笑着说，儿女双全啊！

她问，我这样是不是特别没有当妈妈的样子？

我说，妈妈该是什么样子？你想让自己的孩子成为什么样的人，你就做那样的人好了。父母的眼界一定会影响孩子的眼界，孩子跟你学的都是你跟这个世界相处的态度，我喜欢你打开这个世界的方式，我没有爱过18岁的你，如果你愿意回到18岁，我一定带着儿子去跟18岁的你求婚。

人到中年，不可能不油腻，总有艰难的生活催着你向前走，即使如此，还是要热爱生活，婚姻到这个时候才显得特别的可爱，有点理想，有点拼劲，那就再搏一把。

前几天，我买了一大堆的书，能有上百本，媳妇问："这么多书你看得完吗？"

我反问："我干吗要看完？"

她说："你不看，买这么多书干什么？"

我说："你看一半，我看一半，看到有趣的地方，都讲给对方听。"

媳妇愣了愣，笑着说："行。"

我说："那你先挑，剩下的我看。"

媳妇蹲在地上挑书的那一刻，我真的觉得婚后生活特别的美好，我们活在大把的压力里，也活在满怀期待里；生活遍地是沟，抬头仍有满天星辰；生活总是柴米油盐，间隙也可以有诗和文艺，说到底日子还是自己选的。

一个人总能看完上百本书，但是我更喜欢有一半书的内容是从爱人嘴里听说来的，可能这就是婚姻的乐趣，足以对抗油腻的中年里那些无聊的日子。

35

相爱，就是两个人
互相治疗精神病

日子嘛，笑着能过，吵着也能过，

没法剔除掉不喜欢的部分，只去过自己喜欢的那一部分。

1

有一天，媳妇说，你不爱我了，你人设崩了。

我说，从我结婚的那天起，一路小跑似的涨了 30 斤，当我穿上我心爱的牛仔裤蹲下的那一刻，就崩了。

在我们家吵架，一般起步是 1 小时，先陈述事实，然后双方举证，上论据，最后总结答辩。如果准备不充分，智商就会被一顿狂碾压，这要是动起手来……

哼，不是我跟你们吹，就我媳妇那点花拳绣腿，不出 10 秒钟，她就会跪下来，然后给我做人工呼吸。

有一天晚上，儿子睡了，我们吵架，媳妇离家出走，我拦都没拦，气势上不能输。

然后媳妇出门十几分钟后，我打开了手机定位，我媳妇的手机一点一点地移动。

天这么冷，媳妇一定扛不住，我数一百个数，媳妇一定会乖乖回来投降，然后我开始数。

1、2、3，然后，然后，再然后，1080，1081，1082，我一刷新手机定位，媳妇的手机在一家烧烤店一闪一闪亮晶晶。

然后微信收到一张烧烤照片，嗖的一下，又撤回了。

什么意思？自己一个人跑出去吃烧烤不叫上我，这日子没法过了，关键是她还点了我最爱吃的烤板筋和烤排骨。

我肚子里的馋虫说，去吃吧！去吃吧！去吃吧！我不要面子的啊！对，一个男人在啤酒和烧烤面前要什么面子。然后我穿了大衣，悄悄地关上门，下了楼，直奔烧烤店。

我心里想，怎么才能有尊严地把这一顿烧烤吃上呢？怎么道歉才能显得我没输呢？要不要表现出那种不经意间的邂逅，“呀，你也在啊”，然后厚着脸皮拿起一串烤排骨，撸出自己的气势来，用魅力征服媳妇呢？

一个签子俩鸡翅，一个翅膀喝两杯，我来晚了，我先自罚四个。

人到中年你就懂了，夫妻是真爱，孩子是意外。

2

当然，有时候吵得很激烈，互相不理，但是扛不过一晚上，好像夫妻都没有啥隔夜仇。第二天醒来，发现身体还是相拥在一起，大家都醒了，但还是闭着眼装睡，谁说第一句话谁尴尬。

慢慢地大家都假装伸一个懒腰，然后离开彼此的怀抱，等一个时机，夫妻多年，太懂对方了。

媳妇在等我道歉，我在等媳妇饿得肚子咕咕叫，只要媳妇肚子咕噜一叫，这就是鸣金收兵啊！算了，我还是麻溜地下床去做饭，饭菜一出锅，什么仇什么怨都烟消云散了。

结了婚你就会发现，生活里埋藏了无数的雷，搞不好还能踩上连环炮，吵不吵架都在情绪起来的那一刻，第一句话。

我们家经常被儿子整得鸡飞狗跳，家里那叫一个乱，怎么形容呢，那是惨不忍睹，就是哪里落脚哪里就是路，从书房到客厅，脚下不安装个导航仪都容易迷路。搞不好一脚踩在尖叫鸡身上，整个人那叫一个酸爽啊！

我和媳妇准备分工收拾，媳妇站在厨房，我坐在客厅的沙发上。

我问媳妇："收拾哪里？"

媳妇说："你想收拾哪里？"

我说："我哪里都不想收拾。"

媳妇生气地说："不想收拾，你说个'毛线'。"

我笑着说："你以为我会选一个，可是我偏不选，营造一种反转的氛围，意不意外？"

我重新问："你收拾哪里？"

媳妇说："哪里都不收拾。"

我说："你不能重复我说的，没有新意没有惊喜，你必须营造一种紧张、刺激又反转的氛围。"

于是媳妇说："我哪里都不收拾，我就收拾你。"

然后我们哈哈大笑着开始打扫卫生，儿子体会不到笑点在哪里，但是为了避免尴尬，他开始很夸张地笑。

儿子浮夸的演技又把我和媳妇逗得笑得不行。

笑点具体在哪儿，不知道啊，就是那一瞬间，双方都懂了对方的梗吧！

日子嘛，笑着能过，吵着也能过，没法剔除掉不喜欢的部分，只去过自己喜欢的那一部分。

有时候夫妻吵架，也许就是双方在校对三观。把我的笑点从胳肢窝转移到你的脚底板，生活只是挠了两人中的一个，另一个人也跟着笑了。

所谓夫妻一场，大概就是有梗同笑，有愁同扛吧！

你问为什么生活总是一地鸡毛，那是因为锅里是小鸡炖蘑菇啊，还有粉条子呢，再加点青椒土豆片，搞不好你能整成黄焖鸡。万一鸡有点大一锅炖不下，那就两吃，再整个辣子鸡。生活百般滋味，你就拿个油盐酱醋，是不是对生活不尊重呢？你的咖喱呢、你的焦糖呢、你的藤椒呢。煨它，炖它，盘它！

我一直坚信，能量是守恒的，用嘴吵的架也得用嘴还，亲一下，泯恩仇。

你看，昨儿才吵架，沦为路人，一觉醒来，阳光明媚，亲一口，小别胜新婚的感觉啊！

36

不管友情还是爱情，双向奔赴才有意义

我们说的陪伴质量，

大概就是，我在你身边的时候只爱你。

1

婚姻有两种，一种是你能看到的，街上手牵手，餐厅里吃饭坐面对面谈笑风生，车站离别久久拥抱不愿分开。还有一种，你看不见，人家关上门过日子。

中年婚姻最扎心的一问是：你家床上几床被子？中年婚姻也很微妙，好不好，你骗得过自己，骗不过床上的被子。你仔细揣摩一下，两床被子或者分房睡；然后解释说，有人打呼噜影响睡眠质量，一个要照顾刚出生的孩子，起夜次数太多影响另一个上班的人休息。

解释在掩盖什么？可是，你新婚的时候不会这样解释。

因为我们害怕承认：两人没有当初那么相爱了。从一个被窝到两个被窝，从一张床到两间房，我们很清楚婚姻哪里出问题了；可是，我们总以为时间会给答案，一拖再拖，婚姻变成了合租。

摧毁中年人的婚姻从床上放两床被子开始。一旦吵架，一个人抱着被子走了，你猜，走的人伤心还是留下的人更伤心？

逃避永远比面对轻松。两床被子，那可是两个世界啊！

2

有多少女人在婚姻里装傻？她不知道吗？早就没爱了。

我听过一个女生的回答：也不是不爱了，爱不会凭空消失，也许只是转移了；一场婚姻之所以没崩塌，靠什么维系，自己很清楚。

你会因为三观一致而兴奋结婚，也会被生活的琐碎刷新三观。怎么办？

会因为盘里的鱼汤洒在厨房的地上就离婚吗？

会因为看到沙发上堆积的脏衣服就离婚吗？

会因为孩子把家里弄得鸡飞狗跳就离婚吗？

也许气头上来的那一刻，想过。

后来呢？攒足了失望的人兑换了离婚，消灭失望的人爱到了白头。

我曾经问一个姑娘，是什么让你下定决心离婚？

她说，我终于成了他眼里一无是处的废人。他骂过所有难听的话我可以忍，可是后来他骂我的孩子，我彻底失望了。一段感情，不能好好说话的时候，也许就是大结局吧。

他可以否定我的人生，我忍，但是我不允许他否定我的孩子，孩子才 2 岁，为什么要听那些脏话。我受够了语言暴力，他摧毁了我对婚姻最后一点幻想，我怕有一天忍不住跟他对骂起来，我也变成他那种人。

原来，人在情绪愤怒的时候就会看清另一个人的面目有多可憎。我本以为忍下来，他就可以收手，后来换来的不过是变本加厉。如果第一次吵架我制止了他，也许后来的婚姻也没那么糟糕吧。

3

我想起朋友说的一个“婚姻 12 分钟理论”。

他说，早晨起来的 4 分钟，不要跟对方吵架，多一些赞美的词，那就是美好一天的开始；出门前，抱抱或者亲一下，那就是跟残酷生活对抗的力量；下班回家 4 分钟聊点轻松的话题，累了不想说话，坐在一起发呆也行；晚上睡觉前 4 分钟，聊点情话或者一天里有趣的事儿，不说话，牵着手安安静静地入眠也行。

除了语言，肢体也是表达爱的一种方式。

我们难以做到每天 8 小时去爱对方，但是每天拿出来 12 分钟专注地去爱，那么婚姻就不会太糟糕。

我们说的陪伴质量大概就是，我在你身边的时候只爱你。

我问他，有了孩子以后还会那么轻松吗?

他说，你觉得孩子是麻烦，那就是巨大的麻烦；你觉得孩子是乐趣，那就是一笔巨额财富。

孩子一出生，让人手忙脚乱，后来有一天你捋顺了，你会发现你的工作也会变得很顺利，家庭关系和谐的人，会让人觉得更靠谱。

一开始拿出10几分钟去享受亲子时间，你会发现后来10分钟变20分钟，20分钟变1小时，孩子给你打开了一个万花筒，五彩斑斓。

4

其实，跟谁结婚固然重要，但更重要的是你是什么样的人。我们可以在无数的生活琐碎面前决定后来婚姻的走向，你很忙，但是一天拿出来10几分钟去爱，不算是强人所难吧？所以，嫁没嫁对人，你心里没数吗?

你当然知道你的婚姻在哪一个节点出现了问题。

问个愚蠢的问题：假如时间可以倒流，回到那个节点，你会做什么选择?

至少不应该让第二床被子出现在床上，至少别让那个节点成为一次失望。

在第二次去民政局以前，我们都有无数次的机会拥有我们想要的婚姻，光靠一个人改变是不够的，还得需要另一个人配合。

5

婚姻真的会惩罚不认真生活的人。

让你委屈、失望、后悔的不是你的婚姻，是你犹豫不决的选择，是你不愿意做出改变的妥协，是你一再拖延的凑合。问题不会凭空消失，它只会一次又一次被掩藏，然后积累变大，直到吵得不可开交的那一次，直到有一个人先张嘴说了离婚。

婚姻靠什么维系，靠爱啊，很多很多的爱，说八百遍也是爱；千万别让它转移，靠什么孩子维系、靠利益维系、靠面子维系；除了爱以外，任何一种维系，都有人设崩塌的那一刻。你很清楚的，和一个让自己孤独的人共度婚姻有多难受，只有爱才会无缝填满婚姻。

爱不是包容，不是委屈，不是妥协；而是陪伴、沟通和理解，一起消灭失望，创造希望。

37

如果感情里有后悔药，我猜一定很畅销

迟到的“我爱你”又算什么，时间不会给任何一段感情面子，

只有珍惜才能侥幸让人跟时间打个平手。

1

跟哥们儿一起喝酒，聊起他的故事。说起一个姑娘，特别萌，她平舌音和卷舌音分不清楚，说话特别有意思。

她总是爱敲哥们儿的头，哥们儿说：“你干吗总敲我的头？”

她笑着说：“敲你可爱啊！”

哥们儿说：“会敲笨的。”

她笑着说：“笨一点好，笨一点好，万一喜欢上我呢。”

然后哥们儿也就敲了她的头。

她愣了愣说：“你干吗敲我的头。”

哥们儿笑了笑说：“傻瓜，因为，我敲喜欢你啊！”

分手的时候，姑娘哭着说：“你再敲我一下。”

哥儿们说：“不敲了，万一敲笨了，以后嫁不出去，怎么办？”

姑娘说：“那我就赖你一辈子。”

2

我问哥们儿，两人为什么分手？

他抿着小酒，苦笑着说：“走不下去了。感情的事儿，有时候特简单，就是俩人一起走路，走着走着，一个看见马路对面有卖烤面筋的，嚷着要吃，就过了马路。你知道的，红绿灯是有时间的，另一个稍微一犹豫，红灯亮起，接下来就是车水马龙把你们冲散了。”

很久以后，这个哥们儿坐公交车去办理公司业务，公交车开了没几站，碰巧姑娘上了车，他们看见了彼此，谁都没有先张口说话，哥们儿为了多陪她一会儿，坐过了 3 站。

姑娘给他发了一条信息：我就陪你坐到这里，再过一站就要加钱了，你就送到这里吧，我要结婚了。

加一块钱就可以坐到终点站，可是谁都没有力气从口袋里掏一块钱了。

哥们儿通过公交车的玻璃看着姑娘一下子走进了拥挤的人群，其实，他很想跟着她一起下车，看看她最近过得好吗，她重新爱上的那个人疼她吗。最后，他冲着玻璃笑了笑，算了。

3

姑娘说，我们分手后，我一直没有长大，我怕有一天他突然反悔了，回来了，我还是从前他喜欢的样子。傻就傻点吧，谁让我先喜欢他呢，爱总是折磨那个先动心的人。不过，我最多等他 3 年，30 岁准时结婚。

那个失恋以后在宁夏路和大尧三路岔路口的便利店门口喝酒到凌晨 3 点的姑娘叫小荷。

她不哭、不闹，只是一个劲的喝酒，她还笑着问："你干吗不劝我放手？"

我想了很久，问她："要不要再加一碗关东煮？"

她笑着说："要。"

其实，你心里很清楚，那个跟你说分手的人是吓唬你，还是真的想分手。

恋爱越久越觉得不会分开，反正都习惯了，分开代价太大。可是时间摆了爱情一道，但这也是在"刮骨疗毒"，一开始你后悔怎么就真分开了，爱了那么多年，没有功劳也有苦劳，你挣扎着说的那句我还爱着你，多数是心有不甘。

不合适的人，早晚会分开。

也有人分开以后，站在剧情外才懂剧中人的情深，才知道珍惜的可贵，曾经一叶障目不见他的好，时隔三秋才知眼前人就是心上人，你问他干吗站在原地一直等。

是啊，哪有人敢傻等啊，不过是觉得自己胜算大一点而已。

4

我问哥们儿，你现在不谈恋爱，是还想着她？

哥们儿摇摇头，说跟一个陌生姑娘介绍自己很麻烦的，9年感情抹掉重新开始太累了，就像9年义务教育，你学会了拼音、学会了九九乘法表、，学会了Good morning，突然有一天醒来，脑袋一片空白，你成文盲了，让你重新开始学“我爱你”，怎么读怎么写怎么用，你说，从头来过累不累？

我问哥们儿，分开的这一年，你什么感觉？

哥们儿笑着说：“你知道的，我俩脾气都倔，上来那股劲谁都不肯低头。我怕她真的跟别人恋爱了，节日、生日我都给她送花，就是想让她们公司的男同事知道，这个姑娘有人追，别费心了。怕她认出来我写的字，我都是用左手写贺卡。千防万防，她还是要结婚了，我就纳闷了，她哪来的新郎啊！”

我叹了一口气说：“你们两人啊，都是那种宁愿失去也不愿意低头的人。”

哥们儿突然笑着说：“咱们去抢婚，怎么样？”

我说：“你有病吧，在你身边你不宠着，人家走了，幸福了，你来劲儿了，你有这能耐咋不用在恋爱上呢？”

哥们儿猛灌了一口酒，苦笑着说：“晚了，都晚了，一开始分手是大张旗鼓地试探，时间一起哄，假戏成真了。你慌张地伸手去拉，可是她转身进了人海，你大声喊又有什么用，人声鼎沸，你那句迟到的‘我爱你’又算什么？”

时间不会给任何一段感情面子，只有珍惜才能侥幸让人跟时间打个平手。如果感情里有后悔药，我猜一定很畅销。

我对着桌子上开着免提的手机说，你都听见了吧？

电话那头的姑娘说，不如我们从头来过，这一次我起个头，从结婚开始，你敢不敢？

38

人生只有一次，别让不爱你的人把它荒废了

如果你压根就没明白想要过怎样的生活，那就不要随便碰婚姻，

生活是流水线，你说的爱情在婚姻里都是半成品。

1

有人问，结婚的感觉好吗？这里我讲几个小事儿吧。

夏天的时候，菜市场里很闷热，我常去买菜的小摊是一对夫妻在经营。有一次，我碰到摊主老婆给他扇扇子，他在摘菜，也许是摊主刚说了一个笑话，他老婆笑得很开心。

我还看见这个摊主有一次把两支雪糕藏在身后，让他老婆猜拿的是什么，她老婆擦了擦脸上的汗笑着说："要是有一支雪糕就好了。"摊主很遗憾地摇摇头说："不对。"然后把两支雪糕放在老婆面前，笑着说："是两支。"

他老婆开心地问："你怎么知道我想吃雪糕了？"摊主笑着说：

“看你的眼神我就知道，刚才你看见一个小孩拿着一支雪糕，把你馋得直咂嘴。”然后，他老婆开心地吃雪糕。

有一次，我看见那个摊主提前很早收摊，我问他，怎么这么早收摊？那时候他正蹲在地上给老婆捏腿，笑着说：“老婆说站累了。”

他老婆笑着埋怨他：“你这样会少赚好多钱的。”他笑着说：“顾客天天有，但是老婆只有一个。”

我不知道他们生活条件怎么样、一个月赚多少钱、会不会吵架，但是，我每次见到他们都由衷觉得结婚真好，因为他们两个人忙着一起卖菜，笑起来的样子让人很舒服。两个人有愿意做的事儿，互相心疼，起早贪黑也好，辛苦劳累也好，既然选择了，开心过下去很重要。

我把这些小事儿拆出来一些关键词，我问一个女生，你愿意嫁给一个有趣、疼你、懂你的男人吗？

她毫不犹豫地说“愿意”。

我说，可是你要陪他在菜市场卖菜，有可能会卖一辈子菜，你还愿意吗？

女生犹豫了很长时间，没有回答。

我知道她犹豫的是什么，我们终其一生要找那么一个人，不是为了结婚，而是为了跟他一起过上想要的生活。你看，其实你嫁的是生活，爱情只是敲门砖。

电影《非诚勿扰 2》里有句话说：婚姻怎么选都是错的，长久的婚姻就是将错就错。其实，你不傻，你怎么愿意把自己的一生交给一个错的人，然后将错就错呢，婚姻怎么可能是嫁给谁都一样呢？

结婚是一场酒席，在哪里办都一样，顶多一天的辛苦，可是婚姻那可是一天又一天的日子啊，从小你就知道，解题思路错了，最后怎么可能做对答案？有人劝你结婚，说结婚最美的地方不是如愿以偿而是阴差阳错。可拉倒吧，一辈子可以不结婚，但是千万不能嫁错人。

后来，女生说，我不想过那种一眼就看到头的生活，早起进菜，站在菜市场一整天，没有周末没有节假日。

我们没有用他们的方式生活过，自然不懂在菜市场卖菜的乐趣，只看到了他们那种辛苦不是自己想要的生活。

可是，没有哪一种婚姻生活不辛苦，重要的是能跟心爱的人坦然享受生活给的甜或者苦。

2

结过婚的人才能看透婚姻到底是什么。

你说，它应该有仪式感，于是纪念日要买礼物；你说，它应该有归属感，于是早点下班回家吃饭；你说，它应该有荣耀感，于是无论过去多少年，依然相爱如初。

其实，婚姻就是日复一日的生活，甚至是很无聊的生活，仔细想想，昨天今天明天，其实都活得差不多。

难的是无话可说的时候不尴尬；难的是吵架后笑着抱抱；难的是无论日子多难也要不抛弃不放弃；难的是如何把无聊的日子过得有趣一点，甜一点。

如果你压根就没明白想要过怎样的生活，那就不要随便碰婚姻。生活是流水线，你说的爱情在婚姻里都是半成品。

结婚，其实是选择一种自己喜欢的方式去生活。

吃饭、睡觉、接吻、离别，都因为这个人变得不一样。你跟他在一起，会觉得“与众不同”，会觉得人生超有意义，就是仅凭这一点“感觉”，你愿意嫁给他，你说，幸福的终极意义是什么？是结婚嫁给爱情吗，那是开始，是迟暮的时候，有人推着你的轮椅，告诉你“你看夕阳真美”，像极了那一年我说“我爱你”，然后你害羞的脸。

对，因为是他让你的每一天变得跟别人不一样，同样你也让他的每一天变得不一样。

有一天，你试着想一下，把他从你的生活里摘出来，换另一个人进去，他也浪漫、他也让你心动、他也风趣幽默，行不行？不行，感觉不对，那不是你想要的生活。婚姻是日复一日的普通日子，在一起偶尔山珍海味，一直粗茶淡饭，不腻才最舒服。

3

很多人常问一个问题：结婚后，碰到今生挚爱，怎么办？

这个问题让人有点懵，难道结婚不是跟今生挚爱结婚，而是随便找一个人就结婚的吗？跟一个人生活了很久，突然有一天碰到今生挚爱了，就觉得整个生命被点燃了，那你结婚这几年，算什么？

听读者讲过一件事儿，有一天他老公跟她说，我跟你是亲情，跟她是爱情。她哭了一夜，为他生儿育女，为了照顾孩子放弃工作，自己整个人生都没了，全是为了老公和孩子活着，到头来，老公遇见爱情了。

她说，她问过自己，还能过下去吗？就算是她大闹一场，老公迫于婆婆的压力重新回到这个家，他们俩已经完了，不可能假装相安无事的。你眼睁睁地看着一盘菜里有只苍蝇，夹出去，重新吃，这是做不到的，万一吃着吃着再碰到苍蝇呢。

不是不相信两人之间没有爱情了，而是不想过那种表面上和谐的生活了。

也想过为了孩子忍耐，可做不到，每个人的底线不一样，往我眼里揉沙子还不让我掉眼泪，不好意思，我不是傻子。

她妈妈问她，你确定想好了吗？带两个孩子，你往后只能靠自己，很难再嫁人了。

她哭着跟她妈妈说，妈，我没想好以后的路怎么走，但是我知道，现在不是我想要的生活了。

她妈妈想了想说，行，把孩子接过来，妈帮你带着，你去找份工作吧，什么都别多想，先赚钱再说。

她说，连她自己都不知道是怎么带着两个孩子熬过离婚后头三年的，很多的委屈没法说、不想说，就是一心想要过上自己的生活，尽管很累，但是一点不苦，因为她知道，每一份累都有回报。

如果当年忍了，继续过下去，跟她老公扮演一对相爱的夫妻，也许每个月不用努力挣钱，但是那种忍气吞声的日子，才叫苦呢。

人生真的只有一次，不能让不爱你的人把它荒废了。

如果结婚不是你想要的生活，那么再等等也无妨。你要明白一件事儿，婚姻是生活，爱情是剧集，你看到那些很甜的电视剧，相当于婚姻美好时刻的合集，50 集的剧情全甜总和不过才 2000 分钟，可是你跟一个人结婚 60 年，那可是 3100 多万分钟，相当于把一勺糖融进 1500 多勺水里，还甜吗？

日子很普通，跟爱的人在一起才不普通。你还年轻，没必要别人一催婚你就结婚了，想明白你要过怎样的生活、跟谁在一起，很重要。

你嫁的是一种生活方式，他娶的也是，所谓爱情，听说的人多，见过的人少。

39

别选那个诱惑大的，要选那个你输了还能玩下去的

日常保持小可爱，其他的见招拆招。

生活拿你也没办法，只好对你撒娇。见什么世面，有人喜欢你就够了。

1

我以前听过一个女生说，你不是我，不知道我购物车里放什么、早餐吃什么、曾经走过什么路、熬夜喝过什么酒，就别劝我去见世面了，我现在过得很好。

我舍不得买好几百块钱一只的口红，但是我给妈妈买了好几百块钱一件的羽绒服，她穿着真暖和。带爸爸去医院复查，恢复得很好，尽管他讲的笑话冷得离谱，可是听不到还惦记。发工资就会超开心，可以去吃心心念念的火锅犒劳自己。洗了头发，老公给我吹干，就觉得生活超甜。

也许一辈子都过不上那种喜欢就买不用看标签的生活，但是能

在超市里对比价格又省了几块钱，也很开心；也许一辈子都收不到贵重的礼物，但是老公能给我买个甜甜圈，就觉得日子没那么糟；也许一辈子都在还房贷，但是家里偶尔添个新锅，就能心血来潮炒两个拿手好菜。

加班很辛苦，日子很辛苦，但是心里没觉得有多苦。什么叫见过世面不知道，但身边爱的人都在有条不紊地生活着，就觉得很好。

以前看到过一句话：生活啊，别选那个诱惑大的，要选那个你输了还能玩下去的。

羡慕什么？

抹着高级口红吃车厘子，还是背着奢侈包包环游世界？出入高档圈子场所，还是张口闭口就是谁谁是我朋友？去大城市工作赚大钱，还是嫁给有车有房有户口的人？

我就是一个普通人。我见过炸酱面阳春面臊子面，也见过小面拌面炒面凉面，以及油泼面炝锅面方便面，唯独不清楚什么是世面，倒是西红柿鸡蛋面吃过很多碗。

我粗俗地理解一下，所谓的世面，不过就是每个人不同的生活构成了世界的每一面。有些人活得很片面，总拿自己那点浅薄的入世经验去揣测别人的人生，然后给别人贴标签。

有人说，我这是没见过世面。对呀，对呀，我就是没见过世面。

别跟爱抬杠的人争执，浪费那个时间干吗呢！见过世面如何，没见过，又能怎样呢？

2

别特意去见世面了，还是好好过自己的生活吧，就按照你的节奏就好。

你会有漂亮的高跟鞋，会有大碗的红烧牛肉面，会有爱你、你也爱的那个人。猫会有的，花会有的，蛋糕也会有的，谁也不是一口就吃成了大胖子，多试试酱肘子、麻辣蹄筋和红烧肉。

别把自己弄得那么拧巴，身边的人都结婚了，你若也跟风谈恋爱实在犯不上，这世上的人有千万种，有的人涂口红美极了，有的人涂口红影响啃肘子。别违心去讨好世界，那你该多累啊！踏踏实实做好工作，然后幸运就降临了。你不知道你认真的样子有多迷人，然后有一天，就把爱情拿下了。

干吗非要撞破南墙也要去见世面呢？南墙下种一些花，勤快地浇水施肥，后来有一天花开了，蝴蝶小蜜蜂就来了，喜鹊燕子也来了，你是人间四月天，冰在融化，草在萌芽，你一笑多美啊。蝴蝶告诉你，我扇一下翅膀，两周后就会有龙卷风，像极了爱情；燕子告诉你，年年春天来这里，因为这里的春天最美丽。

有时候，你站在原地，只是可爱了一些，就会有清风明月来告诉你世面有多可爱，是这世面真可爱吗？

还不是因为你可爱。

萤火虫会遇见萤火虫，她遇见火柴没用，遇见灯泡没用，遇见星星也没用。

多跟自己相处，了解一些未知和有趣的事。你看，当你知道西红柿最早生长在南美洲，因为色彩娇艳，人们对它十分警惕，视为“狐狸的果实”，又称狼桃，只供观赏，不敢品尝。鸡蛋，在土耳其是生育的象征，如果姑娘立志不谈恋爱、不结婚的话，她是一辈子不吃鸡蛋的，吃鸡蛋的姑娘则表示她们要婚配，要做妈妈。有趣吧，全是知识点啊，然而有时你端起一大碗热乎的西红柿鸡蛋面，可你会发现不好吃就是不好吃，说什么都没用。

有些人的世界里，可乐就是比红酒好喝，有些人往大城市赶，有些人去乡村支教，谁又比谁更见过世面呢？都是第一次过人生，谁的人生又是标准答案呢？往上看，看了天有多高，叫见过世面，往下看，地还有多深就不算了吗？何况，还有人往左右看路有多远呢。

尽力、认真、负责地过好自己的一生，就很爽了。

见过世面，没见过世面，又怎样呢？何况每个人口中的世面，也不过只是世界的一面而已。

我想起一个故事，叫盲人摸象，还有一个故事叫管中窥豹，还有一个故事叫指鹿为马。你呀，走到今天，是过去所有开心和难过的总和，你早就听过了很多的道理，大的小的；也尝过了一小段人生，酸的甜的苦的辣的，喜欢怎么过都是自己的事儿，像是一个人走进了自助餐餐厅，难道就是奔着吃撑了去的吗？未必吧，还是要挑喜欢吃的，因为不是谁都能吃回本，这像极了人生。记住，开心最重要。

你呀，日常保持小可爱，其他的见招拆招。生活拿你也没办法，只好对你撒娇。见什么世面，有人喜欢你就够了。

40

年纪大一点，就不用耳朵谈恋爱了

我有超能力，就是超爱你，

希望你也有。

1

可能，年纪大一点，就会现实一点，不再渴求轰轰烈烈的爱情，有那么一个人，相处不累，就是难得的福分。

已经不会卑微地去取悦一个人，我满心欢喜向你奔跑过去，如果你没有张开怀抱向我走来，那我就停下来了，现在越来越需要那么一份不需要很费力的爱情了，更知道拼了命去感动一个人，到最后委屈的不过是自己。

何苦呢。

记得有部电视剧里说“细节打败爱情”。仔细想想，恋爱很普通，我们大多数人都一样，约会也很程序化，吃饭逛街看电影，但我们不会被剧情设计左右，这一集必须发糖，下一集必须虐心，我们就是维持普普通通心安的日子。

时间久了，好脾气用完了，越来越烦躁，很容易因为小事儿吵架，越了解一个人越没有刚认识时的那份拘谨和害羞，一言不合电话说挂就挂，连一句晚安都懒得应付，微信回应得越来越慢，一句“累了”“你忙吧”“改天吧”，然后就终止了所有对话。

突然有一天觉得，对方不怎么理你了。

原来，爱早就被这些细小的事儿给消磨完了，爱的时候山花遍野，不爱的时候一场秋风吹过，地上干干净净。

2

有一次，我跟一对情侣朋友吃饭，男生点菜，点完了以后，服务员问有什么忌口？他说，不要香菜不要胡椒粉。

女生说，不要葱花。

我说，葱花香菜多好的配菜。

他们俩异口同声地说，他（她）不吃。

我们一起去爬山，男生的口袋里装着扎头绳和士力架，后来爬到半山腰，女生嚷着热，然后他很自然地从口袋里拿出扎头绳给女生扎了个丸子头，坐下来休息的时候，递给她一条士力架，女生假装生气地说，干吗啊，不怕我变胖。

小事的默契最容易成就爱情。脱口而出的“我爱你”，我相信，但我更相信有些疼爱来自生活的小细节。

他看到你走路的样子有点奇怪，会关心地问你："是不是高跟鞋不舒服？"然后，找个地方坐下来，帮你揉一下。

他看到你每个月那几天总是皱眉、发脾气，会安慰你，也会帮你准备止疼药。

他看到你被工作折磨的时候，会坐下来陪你聊天，他能拿得准你的脾气，不会在你生气的时候讲一大堆的道理。

如果没有他，这一切你都可以自己做，而他是你愿意脆弱的理由，如果你想哭，是因为你知道靠着他的怀抱或者肩膀哭完以后，很舒服。

他一定是那个见过你哭过、颓过、狼狈过，所有最丑样子的人。

他爱你的这一切，你都会有所回应，而不是默默地享受他的好。

是的，年纪大一点，就不用耳朵谈恋爱了，别人对我好，我会加倍对别人好，付出很多，没有收获，我就收手。恋爱越来越现实了，我也只有一辈子，不能慷慨赠予不爱我的人。

也许，长大一点才知道爱情是什么样才舒服，不必猜。

发了信息，不用等，你知道，他看到就会回复你；看到他跟某人在一起，不会误会他，不会怀疑他，更不会用"爱不爱我"的游戏来测试他；彼此不会用冷暴力让对方去猜"画外音"，吵架就事论事，生气归生气，一哄就好。

在乎就是在乎，吃醋就是吃醋，吵闹就是吵闹。你知道，哪怕跟他相处一生也不会累，这就是想要的爱情，因为没有内耗，所以把所有力气都去抵抗生活本身的刁难，逢关过关。

你不必用成年人的客套去和对方相处，明明委屈却假装不在乎。

3

越来越喜欢这种有回应的爱情。

你爱我，我知道；我爱你，你知道，全都体现在生活里的一个个小细节里。

下雨，他替你撑伞，看到马路上突然过来一辆车，他眼疾手快，拉你入怀，车轮溅起的水花都绕过了你。

他加班，你不去打扰他，只是静静地在他手边放杯咖啡，他忙到很晚，突然饿了说去吃夜宵，你陪他去，一路上说说笑笑，你指着满天的星星，撒娇地问他："哥哥，你会唱小星星吗？"

没有所谓轰轰烈烈的大事，都是生活里你来我往的切磋，你会因他而柔软，也会因他而坚强。

有聊不完的话，沉默起来也不尴尬。

我们都在这个忙碌的世界里奔波，被一个人懂、被一个人爱，这是多么简单而幸福的事，值得我们去回应对方的爱和懂得。其实大家都有超能力，爱不爱这种事儿，都清楚。

我有超能力，就是超爱你，希望你也有。

41

肉必须趁热吃，但恋爱可以慢慢谈

爱情如此，那些认准了、用情专一的人，

总能把日子过得很可爱。

1

逍遥二路上有一家馄饨店，看着不起眼，却也开了30多年，店主是一位上了些年纪的老太太，人缘好、心态好，时至今日，一碗馄饨还是只卖6块钱；另外，她做的微波烤肉、小凉菜也好吃，搭配起来堪称岛城一绝。但这都不是她最拿手的，她最拿手的是帮人找对象。

她的店名有意思，叫“无敌可爱大婚饨”。

老太太给人介绍对象，跟别人不一样，她还管售后，管你一辈子。

结了婚，要是两人吵架过不下去，来找老太太调解，聚也好，散也罢，没有一对最后成了冤家。有的人发迹了，想要抛开妻子，来老太太这里喝一碗馄饨、聊聊天，清汤寡水最养心，整得明明白白。

老太太没有大数据，不会用电脑，来的人吃一碗馄饨的工夫，她就记住你了，有合适的，老太太就安排你见面，一般三个回合以内，就能找到满意的人。

大家都觉得老太太这人神奇，怎么寻觅了大半生都找不到的人，老太太就能轻易帮你找到呢？

有一天，老太太要把馄饨店托付给她的女儿，把这些年撮合成的人、现在还在等着撮合的人，厚厚的好几本册子，都交到女儿手上。老太太说，人家把一辈子的幸福都交到我的手上，我得保管好啊。

可是她女儿不想经营，就问她，你凭啥撮合两个人一辈子在一起？

老太太说，婚姻啊，不是让两个有炙热感情的人一见钟情，而是让两个饱受爱情困扰的人一起找到那么一点维修生活的乐趣，一直修修补补，很快乐。你要是想找一个完美的人，劝你就别蹚婚姻这锅水，这锅水啊，煮个馄饨够味，烧个鱼、煲个汤、炖个鸡，差着火候呢，很容易熬干。

女儿问，这么多年我怎么没听你说起我爸的故事。

老太太笑着说，只是一个很奇怪的异地恋的故事。

2

老太太有一只很奇怪的箱子，一边放着收到的信，一边放着她没有邮寄出去的信，都是厚厚的一摞。

老太太跟女儿说，我跟你爸谈了 32 年的异地恋，每年我们结婚纪念日，你爸写一封信给我，我回一封信给他。以前年轻的时候会想，这该怎么熬，后来有了你，每当我撑不下去的时候，就看看你爸写的信，我很想知道，来年的结婚纪念日他又会写给我什么。就这样，等着、盼着，一年又一年，我看了 32 封信。

我对他，是怎样的感情呢？

结婚的第二年有了你，我们很开心。同一年，你爸查出癌症，他说没关系，见你一面再走。他等啊等，可是到了预产期，你没有如约而至，他没有撑住，命运好不公啊，他只是想看你一眼就行。

你爸在病床上断断续续写了 32 封信，他说，你每年看一封，我陪你活到 99 岁。后来，他难受到拿不动笔，我说，你别写了，他总是笑笑说没关系。

他是一个很浪漫的人，来世上走一趟，什么也不争不抢。以前我们在田间割麦子，落日很好看，他就坐在田埂上让我一起看，我气得不行，大家都在抢收呢，他就拉着我在田埂上跳舞。后来，麦子卖掉，你爸会买一块好肉给我包馄饨吃，你爸包的馄饨，我能吃一大碗。

我曾经问你爸，为什么是我？

他笑着说，对其他女人，我只想低着头跟她割麦子，只有你，我愿意放下镰刀，给你写一首诗。

他啊，就是那种很古怪的人，突然会放下镰刀，然后拿石子在石板上写诗，写完以后就朗诵给我听。或许他比别人多读过几年书，见过更大的世界吧。他总是能把那些普通的词语凑成一首好听的诗，他总说没有普通的词语，要看它跟哪个词语放在一起。

我们是通过媒人介绍认识的，第一次见面，有些慌张有些拘谨，他问我，有什么爱好吗？

我摇摇头。

他笑着说，那你现在有了，我朗诵一首诗给你听。

我愣了一下，就笑了。

后来你爸问过我，为什么是他？

我说，我喜欢你的自信。

他很疑惑地问，难道不是才华吗？

我说对，就是你这种自信。

村里的人祖祖辈辈都那个样子，面朝黄土，春种秋收，我本以为会跟他们一样。可是，有一天，有一个人骑着自行车，我坐在他的后车座上，他给我朗诵了一首诗，诗里有田野星空和镰刀，但是没有永远割不完的麦子。

你爸走了以后，我带着你离开了老家，你爸信上说，不要总是盯着黄土，它能产多少斤麦子呢，你也要抬头看看远方的落日和头顶的星星。那时候，我没啥手艺，就摆摊卖馄饨，你爸教会我包馄饨的。

这馄饨一包，几十年过去了，这异地恋一谈，就是 32 年。现在，我没有你爸爸的回信了，你说我该怎么办啊？

后来，老太太的女儿读完了所有的信。

她说，妈，以后我给你写诗、写信，把我爸写的所有诗整理好，读给你听。但是你要教我包馄饨。

老太太说，为什么突然想学了？

女儿笑着说，手艺不精的话，会给你丢人的。

3

那天听完馄饨店主女儿讲完这个故事，我们聊爱情到底是什么？

她说，是有一个人叫醒了你的灵魂吧。你看，馄饨皮好简单的，可是，精肉、虾仁、鲜贝这些馅儿让它变得味道不一样了，它有了饱满的灵魂，然后在锅里游啊游；后来，小虾皮、小榨菜丁、鸡蛋卷丝、小紫菜从天而降，好可爱的一碗馄饨啊！你总会遇见一个人，让你感慨，人生好可爱啊！

我说，你知道割麦子有一个窍门吗？就是弯着腰一直低着头，割啊割，不抬头不直腰，一直割到地的另一头，割得又快又好。一直腰就完了，越直腰，腰越累。爱情也如此，那些认准了、用情专一的人，总能把日子过得很可爱。

42

我爱不爱你，日久见人心

哪有什么值得啊，不过就是普通人努力过日子而已，

辛苦或者甜蜜，都是活着的样子。

1

儿子上幼儿园了。

第一天，我跟媳妇去送他，有些不舍有些留恋，毕竟朝夕相处从未分开过那么久，儿子问：“爸爸，下午你会来接我吗？”

我一时不知道该怎么回答，热泪盈眶。

儿子终于要开始长大了，终于要在我看不见的地方吃饭睡觉交朋友，原来陪伴都是相对而言，我多期望他一如既往地可爱，一如既往地对世界未知，可是他也该知道这世上有风有雪，有一个陌生的小朋友走过来向他自我介绍：“嗨，你好。”他也会笑着把自己的名字告诉给其他小朋友。

他还那么小，却突然要独当一面。

我跟媳妇一直憋着情绪，怕情绪失控，直到回到家，看着眼前的一幕幕，小汽车还在沙发上，红气球是昨晚刚吹的，积木扔得满地都是，往事啊，就像是洋葱炒牛肉一样扑面而来，眼泪在眼圈里打转。

终于，我们憋不住笑出了声，真的是超级开心啊！

我跟媳妇说：“你闻闻，这是不是自由的味道啊！”然后媳妇很认真的配合我，吸气，吐气，说：“嗯，对，就这味儿，入口柔，一线喉，不上头。”

突然拥有了大把的时间，我们像是暴发户，不知道该怎么打发。媳妇说：“要不，咱们去看电影吧？”

两张电影票包场，真划算。

2

从电影院出来，我说：“好不容易有时间能陪你看一场电影，我还睡着了。”

媳妇说：“我知道你最近很辛苦。”

我说：“你怎么知道的？”

媳妇说：“你睡觉打呼噜啊，你的呼噜声大小跟你的辛苦成正比。你日子过得可爱的时候，像是小猫打呼噜，现在过得拧巴吧？”

我问：“怎么了？”

媳妇说："我正看到感人的地方呢，眼泪转啊转，然后你的呼噜声起来了，放映员都吓一跳，这家伙，谁呀，咋把拖拉机开进来的。"

我笑了笑说："有的人结婚，坐在自行车后座上笑；有的人结婚，坐在宝马里哭。你比他们拉风多了，你是坐在拖拉机上一会儿笑一会儿哭。"

媳妇问："你觉得结婚对你意味着什么？"

我说："要跑赢生活吧！"

媳妇问："怎么算跑赢？"

我说："老婆生孩子以后想要吃麻辣小龙虾，没有犹豫；想要买一支喜欢的口红，没有犹豫；想要去学点什么技能，支持。没有人会嫌弃她没有工作，她有足够的安全感陪着孩子。所以啊，你今天看我在打呼噜，是因为你看不见的地方，我在熬夜吧。"

3

想起有一天，我回家很晚，媳妇坐在沙发上忧心忡忡，她说："是不是当了全职妈妈，就很难再回到职场了？"

我问她："你想上班？"

媳妇说："看你一个人赚钱很辛苦。"

我抱抱她说："对不起啊，让你担心了，我还没把你放弃的那一份工作收入赚回来。”

媳妇说：“你已经很厉害了。”

我说：“是你厉害，如果你没把这个家照顾好，我哪有那么多精力去工作，是我在孩子面前缺失的时候，你一个人扛起来这个家的，是你让我知道生活有奔头。你看见我涨的那些工资，其实都是偷偷叠加了你的功劳。”

媳妇问：“为什么结婚后这么辛苦？”

我想了想说：“结婚好像把一大杯热水泼在河流的冰上，年轻气盛啊，觉得100度的心暖0度的冰小菜一碟。泼出去，确实融化了一点冰，然后呢，漫漫长夜，你也变成了冰的一部分。”

别失望啊，再等等，七九河开，八九雁来，有一天，我们会一起跟着河流南下，河流湍急，你就照顾好鱼虾，河流缓慢，你就陪微风吹来的花瓣玩耍，你会在大雨倾盆里跳舞，你也会在烈日炎炎里蒸发，偶尔会怀念，曾是一大杯热水，泡面煮粥炖鸡，样样在行。可是，现在你消失在河流里。

可是，我一眼就看见了你。

媳妇说：“你看见了，还不跑过来亲我一下？”

我说：“我忙着呢。”

媳妇说：“有多忙，腾不出嘴吗？”

我说："还真是。"

媳妇说："那你刚才还道理一堆一堆的，什么冰是睡着的水，热水是打呼噜的冰，有这工夫，早亲八百回合了。"

对于这种无理取闹的女人，只能以亲服人。我抱了抱媳妇，亲了她一下，问她："那你现在还觉得结婚辛苦吗？"

她突然就哭了："原来所有的辛苦都值得啊！"

哪有什么值得啊，不过就是普通人努力过日子而已，辛苦或者甜蜜，都是活着的样子，所以累的时候就是想要抱一抱亲一亲，就是希望甭管长多大，依然是那个在大盘鸡里得到小鸡腿的人，就是想被偏爱啊，就是想所有的委屈一下子被读懂，那一刻，才有底气说"所有的辛苦，我认"。

结婚这几年我好像突然懂了一件事儿，一个觉得婚姻辛苦的人，她可能早就离开了婚姻，而那个嘴上说着婚姻好辛苦的人，她不是在诉苦，而是在渴望爱，然后，继续在日复一日平凡的生活里得到爱。

成年人对爱的渴求，不像猫那样黏人，倒像是阳台上养的一盆多肉，想起来，浇点水晒晒太阳，它就活得很显眼。可是，你不能忘了你有一盆多肉，它独自在美丽地生长着，它希望你偶尔摸摸它的肉瓣，偶尔夸夸它又多了一个肉瓣。后来，有一天，它开花了，好漂亮啊！

图书在版编目（CIP）数据

入口的东西和爱的人，要心花怒放才行 / 柒先生著
. -- 北京 : 新世界出版社 , 2022.6
ISBN 978-7-5104-7434-7

Ⅰ . ①入… Ⅱ . ①柒… Ⅲ . ①恋爱心理学—通俗读物
Ⅳ . ① C913.1-49

中国版本图书馆 CIP 数据核字（2022）第 033697 号

入口的东西和爱的人，要心花怒放才行

作　　者：柒先生
责任编辑：秦彦杰
责任校对：宣　慧
责任印制：王宝根　苏爱玲
出　　版：新世界出版社
网　　址：http://www.nwp.com.cn
社　　址：北京西城区百万庄大街 24 号（100037）
发 行 部：（010）6899 5968（电话）　（010）6899 0635（电话）
总 编 室：（010）6899 5424（电话）　（010）6832 6679（传真）
版 权 部：+8610 6899 6306（电话）　nwpcd@sina.com（电邮）
印　　刷：辽宁虎驰科技传媒有限公司
经　　销：新华书店
开　　本：880mm×1230mm　1/32　　尺寸：145mm×210mm
字　　数：200 千字　　印张：8.5
版　　次：2022 年 6 月第 1 版　2022 年 6 月第 1 次印刷
书　　号：ISBN 978-7-5104-7434-7
定　　价：49.00 元